SERIES OF STUDIES
ON
CHINESE
CONFUCIUS
TEMPLES

中国文庙研究丛书

总 主 编　周洪宇

副总主编　赵国权

国家出版基金项目
NATIONAL PUBLICATION FOUNDATION

A
STUDY
ON
TAIYUAN
CONFUCIUS
TEMPLE

太原文庙研究

李艳莉 著

山东教育出版社
·济南·

总序

德国哲学家雅斯贝尔斯在其所著《历史的起源与目标》一书中，曾提出人类文明的"轴心时代"这一命题，即在公元前500年左右，古希腊、以色列、中国和印度，都处在人类文明的重大突破期，都出现了伟大的精神导师，诸如古希腊的苏格拉底、柏拉图、亚里士多德，以色列的犹太教先知们，古印度的释迦牟尼，中国的孔子、老子等，他们的思想一直影响至今。但相比较而言，孔子更具有代表性，其所创立的儒家思想不仅影响中国社会两千多年而从未中断过，且被后世创造性地转化为物质载体即文庙。如同"四书五经"一样，文庙在儒学传承中扮演着不可或缺的角色。尤其是文庙与官学或书院融合后，形成了中国历史及儒学文化史上特有的"庙学合一"或"庙学""学庙"现象，也使得文庙作为儒家文化的标志性符号，以其独特的精神特质深刻影响着中国的政治生态、社会生态、文化生态和教育生态，还辐射到周边及欧美不少国家和地区，至今仍彰显其强大的生命力，成为国内外学术界热议不休的历史"活化石"。

壹

据史料记载，主祀孔子的庙宇有文庙、孔庙、学庙、庙学、学宫以及宣圣庙、至圣庙、夫子庙、先师庙、先师殿、大成殿、礼殿、燕居堂、中和堂等不同的称呼，然最流行、最常用的就是文庙和孔庙，因而一些权威的大型工具书在对文庙、孔庙加以解读时，不同程度地认同文庙即孔庙、孔庙即文庙。如商务印书馆修订本《辞源》解释说，孔庙在"明清时也叫文庙"，文庙即孔子庙，"元明以后通称文庙"。[①]顾明远主编的《教育大辞典》认为，孔庙"亦称文庙"，文庙"即孔庙……元以后多称文庙"。[②]近人的学术论著中也多持此意见，这主要是基于对主祀孔子这一历史存在的认同。

"文庙"一词，较早见于《南齐书》。齐高帝时的尚书右仆射王俭，针对明堂与郊祀之礼，曾引用《郑志》中赵商与郑玄的一番对话，赵商问曰："说者谓天子庙制如明堂，是为明堂即文庙邪？"[③]《新唐书》中又有"汉孝惠、孝景、孝宣令郡国诸侯立高祖、文、武庙"[④]的记载。汉惠帝刘盈乃刘邦之子，西汉第二位帝王。可见，在西汉初年就有文庙的称呼，只是此时的文庙与孔子及其被封为"文宣王"没有必然联系。

在古汉语中，"文"与"武"是相对的一组概念。按古制，凡有功于社稷的文臣武官，均可设庙祠以祀。如主祀姜子牙的武成庙、主祀岳飞的岳飞庙、主祀关羽的关帝庙等，都属于"武庙"。而主祀姬旦的周公庙、主祀孔子的孔庙、主祀孟子的孟庙、主祀颜回的颜庙、主祀子思的子思庙、主祀曾参的曾子庙，以及孟子游梁祠、子贡祠、武侯祠、包公

① 商务印书馆编辑部编：《辞源》，商务印书馆1979年版，第778、1362页。
② 顾明远主编：《教育大辞典》第8卷，上海教育出版社1991年版，第152页。
③《南齐书·礼上》。
④《新唐书·高郢传》。

祠、范公祠等，都属于文庙。且武庙与文庙各有其配享及乐舞礼制，如《宋书》所载，曹魏时期"制《武始》舞武庙，制《咸熙》舞文庙"①。尤其是自唐宋以后，各地既建文庙又建武庙。因此，广义上的文庙，是一种与武庙相对的、主祀有功文臣或先儒先贤的礼制性建筑，体现出历朝历代"文治"的政治意图，负载有"价值判断和意识形态韵味"②，属于文化史学研究的范畴。而狭义上的文庙，则单指主祀孔子的礼制性建筑，亦即孔庙，也就是本丛书所论及的文庙。

就狭义上的文庙来说，史料及后世文献多以孔庙相称，明清尤甚。这是因为孔子乃"文道"之奠基者。自汉初始统治者就开始推崇孔子及其创立的儒学，汉高祖刘邦路过曲阜时还"以太牢祠焉"③。汉武帝"独尊儒术"后，儒学便一跃成为官方哲学，在其后上千年的发展历程中，孔子犹如道教尊老子、佛教尊释迦牟尼一样被推上神坛，或被追封为"文宣王"，或被奉为"万世师表"，主祀孔子的礼制性建筑文庙也逐步遍设于京师及全国各地。

按所承载的功能，文庙可以分为四类：

一是国庙。这是由帝王代表国家祭拜孔子的礼制性建筑，主要是设于京师的皇家孔庙。曲阜孔庙在京师未设孔庙之前曾一度扮演国庙的角色。

二是家庙。家庙是孔子家族的宗庙，如曲阜孔庙、浙江衢州孔庙以及河南郏县文庙（既是家庙又是学庙）等。

三是学庙。因庙设学、因学设庙或庙学同建，形成"庙学合一"的格局，具体是指与各级官学及书院直接相关的主祀孔子的庙宇，因而也多被称为"庙学"。明清时期多被称为文庙，如上海文庙、苏州文庙、郑州文庙等。还有被称为学宫的，如广东的番禺学宫、海南的文昌学宫等。此类文庙数量庞

---

① 《宋书·乐一》。
② 〔英〕海伍德：《政治学核心概念》，吴勇译，天津人民出版社2008年版，第4页。
③ 《史记·孔子世家》。

大，除少量的国庙、家庙、村庙外，其余的全部是学庙。

四是村庙。凡是学庙普及不到的边远地区，地方官员为推崇弘扬儒学、满足民众对圣人孔子的崇拜和对儒家文化信仰的需求，便在人口聚集区的村镇设孔庙奉祀孔子及有功于儒学的先儒先贤，可称之为"村庙"。如福建连城县培田村有一处清乾隆四十四年（1779年）所建的"文武庙"，文庙和武庙建在一栋两层阁楼内，下层武庙祀关羽，上层文庙祀孔子。在中原一带，多有因孔子圣迹所到之处而建的纪念性孔庙，如河南永城的芒砀山夫子庙是为纪念孔子在此避雨晒书而建的，河南淮阳的弦歌台为纪念孔子在此绝粮依然"弦歌不衰"而建（附有书院，亦为学庙）等。村庙数量不多、规模不大、建制不一，但与其他文庙一样承载着传承儒学与社会教化的功能。

贰

文庙起始于何时，学术界众说纷纭，或言早至春秋，或曰晚至唐朝。但无论始于何时，它总有一个产生、发展及演变的过程，其历史积淀也足以占据儒学发展的半壁江山。

文庙的雏形当从曲阜因宅设庙始，即孔子去世后，其居室由后人奉为庙，"故所居堂、弟子内，后世因庙，藏孔子平生衣、冠、琴、车、书"，且在孔子冢祭奉孔子，"鲁世世相传，以岁时奉祠孔子冢，而诸儒亦讲礼、乡饮、大射于孔子冢"。①此时的曲阜孔庙虽属家庙性质，并非严格意义上的礼制性庙宇，孔子冢之学亦属私学，且孔庙与孔子冢不在一处，但毕竟是主祀孔子，又兼有私学活动，可称之为文庙雏形，实开文庙建制之先河。

①《史记·孔子世家》。

文庙与政治结缘、与官学融合，可追溯到东汉时期蜀郡重修的文翁石室（即蜀郡郡学）中的"周公礼殿"。据史载："蜀儒文章冠天下，其学校之盛，汉称石室、礼殿，近世则石九经，今皆存焉。"①可以说，蜀郡郡学中的周公礼殿实乃"中国古代庙学合一的最早范本"，"曲阜之外中国所建最早祭祀周公、孔子的机构"。②但这只是地方政府行为，尚未在全国实施，更是主祀周公，并非孔子。自汉武帝"独尊儒术"后，统治者把尊孔崇儒提到国家治理的高度，开始加封孔子及其后裔。永平二年（59年），汉明帝更是诏令郡县学校皆祀周公、孔子。这是首次以中央诏令的形式祭祀周公、孔子。

魏晋南北朝虽王朝更替频繁，加之佛道及玄学的冲击，但统治者的尊孔崇儒政策没有弱化，文庙礼制建设多有成就。如曹丕于黄初二年（221年）下令，"鲁郡修起旧庙，置百户吏卒以守卫之，又于其外广为室屋以居学者"③，还要求各地修葺孔庙，重开祀孔之制。东晋时在国子学"增造庙屋一百五十五间"④。北魏太武帝时"起太学于城东，祀孔子，以颜渊配"⑤，开创中央国学祭孔之制；孝文帝不仅在国都平城（今山西大同）创建孔子庙，开国都孔庙之先河，还下诏规范祭孔礼制，要求"自今已后，有祭孔子庙，制用酒脯而已"⑥等。

隋唐时期重新确立儒学及孔子的政治地位，文庙进一步规范化和制度化。唐高祖李渊于武德二年（619年）下诏在国子学中立周公、孔子庙，四时致祭。唐太宗李世民下令停祭周公，开国学文庙主祀孔子之先例；贞观二十一年（647年）开始确立追祀先贤先儒的制度，是年唐太宗下诏，以左丘明等二十二人配享文庙。开元八年（720年）唐玄宗下诏，以颜回等十哲从祀孔子，并塑为坐像；开元二十七年（739

① [宋] 席益：《府学石经堂图籍记》，见 [宋] 程遇孙等编《成都文类》卷30，文渊阁四库全书本。
② 舒大刚、任利荣：《"庙学合一"：成都汉文翁石室"周公礼殿"考》，载《四川大学学报（哲学社会科学版）》2014年第5期。
③《三国志·魏书二·文帝纪第二》。
④《宋书·礼一》。
⑤《魏书·世祖纪上》。
⑥《魏书·高祖纪上》。

年）追谥孔子为文宣王，追赠颜回为兖国公，其余九哲弟子皆为侯，另追赠曾参以下七十三人为伯，孔子自此开始被称"王"。自唐以来，庙学合一进程逐步推进，庙学之制更加完备，史载"唐开元间，定孔子为先圣庙，而衮冕南面，每岁春秋祀焉，由是庙学之礼益备，凡有学者必有庙，示其尊也"①。

宋元时期，文庙设置更为普遍，"宋兴，崇尚文治，吾夫子之祀遍天下"②。不仅是官学，还有自宋朝日益兴起的书院内也必崇祀孔子，"每个书院必塑有孔子及十哲的肖像，甚至图画七十二贤一同配飨"③。尤其是北宋至和二年（1055年），宋仁宗开加封孔子嫡长子孙"衍圣公"的先例；南宋绍兴十年（1140年），宋高宗诏令"以释奠文宣王为大祀"④，即规定祭祀孔子的礼仪与祭祀社稷的大礼相同，均为国家级的重大祀典。至元朝，元武宗加封孔子为"大成至圣文宣王"⑤；至明朝嘉靖年间，历经数百年的"孟子升格运动"，儒学的重要传承人孟子被正式封为"亚圣"。在此情况下，文庙遍及全国各地，"郡县有学，学必有庙"⑥。

明清时期，"文庙"这一称呼开始被广泛使用。朱元璋即位后，改称孔子为"先师"，洪武元年便"以太牢祀先师孔子于国学"⑦，还"诏天下通祀孔子"⑧。明永乐八年（1410年），不仅"令天下文庙圣贤衣冠绘塑不合古制者悉改正"⑨，且改学校先师庙为"文庙"，自此"文庙"之名盛行天下。至明末，全国各地所建文庙多达1560所。⑩清初，康熙帝亲笔御书"万世师表"匾额悬于文庙大成殿，这是历史上首次称颂孔子为"万世师表"，表达出统治者对孔子及儒学的敬仰之情，也昭示出儒学的文化力量。至清末，文庙增至1740多所。⑪

① 吴澄：《崇仁县孔子庙碑》，见《吴文正公集》卷15，台北新文丰出版公司1985年版。
② [南宋] 陈宜中：《学道书院记》，见《苏州府志》卷26，清光绪九年刊本。
③ 陈青之：《中国教育史》，商务印书馆1936年版，第195页。
④《宋史·高宗六》。
⑤《元史·武宗一》。
⑥ [清] 阮元：《两浙金石志·杭州路重建庙学之碑》。
⑦《明史·太祖二》。
⑧《明史·太祖三》。
⑨《明会典·卷八十四》。
⑩ 王贵祥：《明代不同等级儒学孔庙建筑制度探》，载《中国建筑史论汇刊》2012年第2期。
⑪ 刘新：《儒家建筑文庙》，中国建筑工业出版社2013年版，第18页。

清末开办新式学堂后，庙学开始分离，文庙由以往的祭祀与教学两大主要功能蜕变为单一的祭祀功能，没有了"官学"这一光环，其维修和保护自然会受到一些影响；但不能否认其大教育功能的存在，那就是继续承担着社会教化的重任，且依然是广大士子心仪向往的神圣殿堂。虽经风风雨雨，仍有不少的文庙得以较好或部分地保存下来。改革开放后，文庙作为优秀传统文化的重要组成部分而受到普遍关注，其资源的开发和利用也被提到日程上来，文庙发展又迎来了一个新的春天。据国家文物局《文庙、书院等儒家遗产保护利用现状调研报告》（内部资料）统计，截至2016年底，除内蒙古、西藏、宁夏及台湾、香港、澳门外，共有327处文庙列入省级重点文物保护单位和全国重点文物保护单位名录，其中国保级文庙为108处。此外，日本、韩国、越南等周边国家也有近100处文庙。可以说，文庙立足本土，辐射周边，形成足以和佛寺、道观相媲美的"儒庙景观"。

叁

自文庙登上中国历史的舞台，便开始发挥其独特的多元功能，影响到中国的政治生态、文化生态及教育生态。

毫无疑问，文庙的强势缘于与政治生活的结合。自西汉确立以儒治国后，魏晋至明清皆秉承儒治政统，不断提高孔子及儒学的地位，称孔子为"人伦之表"，称儒学为"帝道之纲"，为此不断地完善庙祀孔子的礼仪制度。期间，儒学确实遭受过不同学术流派的冲击，但因儒学自身的包容性与再生力，以及与政治生活的紧密联系，它在博弈中始终占据着权力的中心位置。历代各地文庙正是在这一儒化的背景下得以建造的，反过来又对政治生态起到一种固化作用。诸如每当因社会剧烈震荡带来道德秩序的破坏、所谓"不孝不悌之事，频见词诉"①之时，统治者都毅然决然地动用儒学来拯救社会道德的缺失。每当基业稳定之际，统治者又会诏令修建文庙以传承儒学，并利用文庙祭孔活动来"宣德化""正人心"。总之，要让"君君、臣臣、父父、子子"等伦理观念根植于官员及民众心中，杜绝一切"僭越"行为，借以维系和谐的政治生态。

基于与政治生活的结缘，文庙在一定程度上成为以儒学为主体的中国传统文化反映在现实中的物化形式。这一被物化的建筑群，与"四书五经"一样，具有同等重要的文化传承价值。如果说"四书五经"借助文本来传承儒家文化的话，那么文庙则是借助建筑、礼仪等起到文化传承的作用。诸如按照礼制，文庙建筑分别有九进、七进、五进、三进院落等，常与官学毗邻，庙中有学、学中有庙等，将古代的庙宇性建筑文化传承至今。又如文庙的祭祀活动，从供奉人物的选择、座序排列到祭祀时的祭器、祭品、礼服、礼仪、音乐、舞蹈等，无不在制造一定的场境和氛围，引发民众对儒学文化的认同，从而形成特有的文化基因和精神特质，以至祭祀文化代代相传，生生不息。

基于文庙与官学或书院的结缘，文庙的设施及祭祀活动又有"风励士子"的强大教化功能，足以使在读学子形成对师道和学业的敬畏感。这是因为文庙中的受祀对象，已成为道德、道统、学统的象征，是言谈举止、待人接物的标杆，更是一种精神文化的符号。那么在文庙内祭拜这些先圣先贤，足以"使天下之士观感奋兴，肃然生其敬畏之心，油然动其效法之念"②，亦即通过"营造出一种庄严肃穆的场景，

---

① [南宋] 徐元杰：《延平郡学及书院诸学榜》，见《梅野集》卷11，文渊阁四库全书本。
② [清] 庞钟璐：《缮写成帙恭呈御览仰祈》，见《文庙祀典考》卷50，清光绪戊寅家藏本。

使人们对先圣先师先贤等供祀对象的崇敬之情升华为一种神圣的体验"①。正是这种庄严肃穆的文化场景,使得诸生在先圣先贤像前"穆然而志专,徘徊乐之,不忍去也"②。从"穆然"到"乐之"再到"不忍去",足见谒祠之举对在院生徒的感染力之大。更使得"自为童子时"的文天祥,看到文庙中还奉祀乡贤先儒欧阳修、杨邦乂、胡铨等塑像,且"皆谥忠",欣然慕之曰:"没不俎豆其间,非夫也。"③如此,一代代学子带着对师道和学业的敬畏,去追逐"希圣希贤"的人生理想,最终实现"传道济民"的处世目标,这也是"庙学合一"价值的最好体现。

肆

正因为有如此多元的价值及功能,文庙才能在庙学分离后艰难地生存下来,后来者才能继续守望着中华优秀传统文化这块沃土而不至于断裂或丢失。改革开放以来,国家更加重视保护和弘扬中华优秀传统文化,文庙作为儒家文化的载体自然迎来了难得的发展机遇。曲阜孔庙的祭孔活动以往由民间团体主持,从2004年起转而由地方政府主办,2007年又上升到由山东省政府与教育部、文化部等联合主办,由此带动了各地文庙的官方"祭孔"活动;越来越多的文庙遗存被列为全国重点文物保护单位,同时带动了全国各地对文庙遗存的修复和保护工作。党的十八大报告明确指出"文化是民族的血脉,是人民的精神家园",并基于对优秀传统文化营养的汲取,提出了"二十四字"的社会主义核心价值观。2014年五四青年节当日,习近平总书记在与北京大学师生座谈时指出,中华优秀传统文化已经成为中华民族的基因,植

① 肖永明、唐亚阳:《书院祭祀的教育及社会教化功能》,载《湖南大学学报(社会科学版)》2005年第3期。
② [南宋] 陈傅良:《潭州重修岳麓书院记》,见《止斋集》卷39,文渊阁四库全书本。
③《宋史·文天祥传》。

根在中国人内心，影响着中国人的思维方式和行为方式，今天，我们提倡和弘扬社会主义核心价值观，必须从中汲取丰富营养，否则就不会有生命力和影响力。2017年1月，中共中央办公厅、国务院办公厅印发《关于实施中华优秀传统文化传承发展工程的意见》。该意见指出，在五千多年文明发展史中孕育的中华优秀传统文化，积淀着中华民族最深沉的精神追求，代表着中华民族独特的精神标识，是中华民族生生不息、发展壮大的丰厚滋养，是中国特色社会主义植根的文化沃土，是当代中国发展的突出优势，对延续和发展中华文明、促进人类文明进步，发挥着重要作用。同时，该意见从重要意义、总体要求、主要内容、重点任务、组织实施和保障措施等方面予以战略性、全局性部署。党的十九大报告中，同样强调"文化是一个国家、一个民族的灵魂。文化兴国运兴，文化强民族强。没有高度的文化自信，没有文化的繁荣兴盛，就没有中华民族伟大复兴"，"中国特色社会主义文化，源自于中华民族五千多年文明历史所孕育的中华优秀传统文化"，在新时代传承与弘扬优秀传统文化，必须"创造性转化、创新性发展"。那么，文庙作为传播儒学的主阵地，理应成为培育和践行社会主义核心价值观的重要文化阵地。事实上，已有部分文庙积极开展国学教育普及活动，如举办成人礼、开笔礼、拜师礼等，取得明显效果。

但在现实中，文庙的发展还面临诸多问题或难题。有些地方政府文物保护意识淡薄，有部分文庙遗存得不到正常的维修和保护；部分得到保护的文庙，其蕴藏的多元功能尚未得到有效发挥，甚至存在过于功利化的倾向；部分文庙设施及祭祀活动不合礼制，存在一系列具体问题，比如祭祀日应是生日还是卒日、受祀对象只是孔子还是分层次进行、每年各地文庙是同时祭祀还是"各自为政"、祭文是年年都写还是规范统一，以及在东西两庑及乡贤祠、名宦祠中是否可以续增一些新儒学代表人物等问题。要根本解决文庙发展中的问题，有待于对文庙的深入系统研究。

伍

自从文庙问世后，就有不少学者从不同的角度、用不同的方式，对文庙的建制、布局、祭祀、教化等问题做过不同程度的思考和论述。自明清以来，在举国编著大型丛书、类书的驱动下，大批学者开始对文庙的各种资料进行梳理、研究和汇编。如《明史·艺文志》就载有潘峦的《文庙乐编》、何栋如的《文庙雅乐考》、黄居中的《文庙礼乐志》、瞿九思的《孔庙礼乐考》；《清史稿·艺文志》载有阎若璩的《孔庙从祀末议》、庞钟璐的《文庙祀典考》、蓝锡瑞的《醴陵县文庙丁祭谱》、郎廷极的《文庙从祀先贤先儒考》等。此外，还有陈锦的《文庙从祀位次考》、张佩的《文庙贤儒功德录》、金之植的《文庙礼乐考》、牛树梅的《文庙通考》以及民国时期孙树义的《文庙续通考》等。这些成果对文庙的发展流变、建筑形制、祭祀礼仪及从祀制度等都做了系统考辨。改革开放以来，随着国家对优秀传统文化传承的重视及文化遗存保护力度的加强，文庙研究呈现出良好的发展态势，先后出版多部有代表性的学术著作，诸如范小平的《中国孔庙》（2004）、陈传平主编的《世界孔庙》（2004）、刘亚伟的《远去的历史场景：祀孔大典与孔庙》（2009）、孔祥林等的《世界孔子庙研究》（2011）、彭蓉的《中国孔庙建筑与环境》（2011）、董喜宁的《孔庙祭祀研究》（2014）、朱鸿林的

《孔庙从祀与乡约》（2014）等。这些学术成果从历史学、建筑学、考古学、美学等多学科多维度对文庙进行了系统性、综合性思考与研究。但在文庙理论的提升、文庙精神的挖掘、文庙文化的传播、新时代文庙如何保护利用等问题上，还需要我们进一步去思考、去探索。

本套"中国文庙研究丛书"以马克思主义唯物史观和方法论为指导，以全球视野、中国立场、问题意识、实践导向为基本价值取向，坚持历史与逻辑相一致、宏观与微观相统一、本土与域外相参照、理论与实际相结合的基本原则，充分运用历史法、文献法、比较法以及田野调查、计量分析、文本叙事、图像佐证等研究方法，从选址布局、建筑特色、祭祀礼制、教化活动、文化传承等多个维度，对各地有代表性的文庙逐一进行微观分析和深度描述，使其成为介于学术性和普及性之间的一套文庙研究丛书。纳入丛书第一辑的有十二部研究专著，分别是《曲阜孔庙研究》《西安文庙研究》《上海文庙研究》《郑州文庙研究》《太原文庙研究》《苏州文庙研究》《南宁文庙研究》《济南府学文庙研究》《宁远文庙研究》《定州文庙研究》《建水文庙研究》《正定文庙研究》，其他有代表性的文庙也正在研究之中。在此基础上，我们后续会进行历代文庙史料搜集与整理以及文庙专题研究、文庙通史研究等，努力使"文庙学"成为一门专门学问。同时，也期待有更多的文庙爱好者加入文庙研究队伍，通过深入系统的研究以及多种形式的学术交流活动，让中国的文庙文化走向世界，让世界了解中国的文庙文化。

周洪宇

2020年12月

目 录

07 > 太原文庙的传承与影响

引言

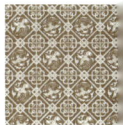

地下文物看陕西，地上文物看山西。太原厚重的历史文化和丰富的文物资源与其悠久的历史密不可分。1959年12月9日，考古发现的"古交旧石器文化遗址"，证明早在十万年前的旧石器时期，我们的祖先就在汾河两岸繁衍生息。[1]十万年前，史传太原的肇始者台骀，因治理汾水、开拓了太原盆地，被尊为"汾水之神"[2]。在"汾水之神"台骀治理汾水之后，大禹总结其父鲧治水失败的经验，曾在汾河流域导河积石，疏通河道。相传在今太原东北的系舟山，就是因为大禹治水时在此系舟停泊而得名。[3]不仅如此，对义井和东太堡的"新石器文化遗址"的发现，进一步证明在七八千年前的母系氏族公社早期，太原的先民就曾创造了灿烂的文化。[4]

太原，古亦作"大原"。大原之称，作为地名，最早出现于《诗经·小雅·六月》："薄伐猃狁，至于大原。""大原"并非专指今天的太原地区，而是指平坦而开阔的平原。作为专用地名冠以今太原之称的"大原"，始于鲁昭公元年（公元前541年）。《春秋公羊传》曾写道："晋荀吴帅师败狄于大

① 太原市政协文史资料研究委员会编：《太原文史资料·第二辑》1984年版，第1—2页。
② 杜学文主编：《三晋史话·综合卷》，三晋出版社2016年版，第26页。
③ [清]顾祖禹：《读史方舆纪要》卷40《山西二》，上海书店出版社1998年版，第276页。
④ 太原市政协文史资料研究委员会编：《太原文史资料·第二辑》1984年版，第1—2页。

原"①。《汉书》曾写道："河内曰冀州：其山曰霍，薮曰扬纡，川曰漳，浸曰汾、潞"②。这说明秦、汉以前的冀州地区一般是指今日之汾河平原及其附近地带。

殷商时，太原为古国北唐。考古学家曾在太原许坦村一带，发现了商代的文化遗址，定名"许坦型文化"。③

西周时，太原最为有名的历史典故是"桐叶封弟""叔虞封唐"，讲述了周成王剪桐叶为珪封弟弟叔虞于唐的故事。司马迁在《史记》中详细地记录了此事：

> 唐叔虞者，周武王子而成王弟。初，武王与叔虞母会时，梦天谓武王曰："余命女生子，名虞，余与之唐。"及生子，文在其手，曰"虞"，故遂因命之曰虞。武王崩，成王立，唐有乱，周公诛灭唐。成王与叔虞戏，削桐叶为圭以与叔虞，曰："以此封若。"史佚因请择日立叔虞。成王曰："吾与之戏耳。"史佚曰："天子无戏言。言则史书之，礼成之，乐歌之。"于是遂封叔虞于唐。唐在河、汾之东，方百里，故曰唐叔虞。姓姬氏，字子于。④

事实上，唐叔虞因战功受封于唐国。唐地原在晋南翼城一带，因太原是山西的中心，因而历史上把纪念唐叔虞的晋祠建在太原古晋阳城西门外。叔虞之子燮父，改唐国为晋国。鲁昭公元年（晋平公十七年，公元前541年），晋国荀吴率兵北征，大败占据今太原一带的无终及群狄，太原地区始入于晋国版图。

春秋末期，晋定公十五年（公元前497年），执掌晋国之政的公卿赵简子，在汾河晋水之畔创建了军事地理位置十分

---

① 《春秋公羊传》。
② 《汉书》卷28上《地理志上》。
③ 邹衡：《论先周文化》，见邹衡《夏商周考古学论文集》，文物出版社1980年版，第336页。
④ 《史记·晋世家第九》。

优越的晋阳城。周贞定王十六年（公元前453年），赵简子之子赵襄子凭借晋阳城的地理优势和坚不可摧，联合韩、魏灭掉智伯，揭开"三家分晋"的序幕。周威烈王二十三年（公元前403年），韩、赵、魏三家正式受封为诸侯，将晋国剩余土地全部瓜分，因此，韩、赵、魏三国又被称为"三晋"。

"三家分晋"是中国历史上具有划时代意义的重大事件，标志着春秋结束，战国开始，史学界以此作为东周时期春秋与战国的分界点。之后，赵国定都晋阳（今太原）。

秦昭王四十八年（公元前259年），司马梗北定太原。秦庄襄王二年（公元前248年），秦将"蒙骜攻赵，定太原"①，"初置太原郡"。秦统一六国后，分天下三十六郡，太原郡为三十六郡之一，治所在晋阳。

汉高祖十一年（公元前196年），汉高祖出于巩固汉王朝北部边疆的目的，并雁门、云中、代和太原四郡为代国，封四子刘恒为代王，坐镇太原晋阳城。汉文帝二年（公元前178年），汉文帝刘恒新置太原国，封其子刘参为太原王。汉武帝元鼎三年（公元前114年），汉武帝刘彻复设太原郡，定晋阳县为太原郡治。汉武帝元封五年（公元前106年），汉武帝首创"州刺史"监察制度，并州刺史部为十三州之一，太原为全国十三州部治所之一。

西晋改太原郡为太原国。"八王之乱"后，北方少数民族上层贵族纷纷建立割据政权，历史的车轮开始进入十六国混战时期。晋阳城饱受战乱之苦，成为少数民族政权群雄逐鹿、交替控制的要地。北魏袭前朝旧制，复设太原郡，郡治晋阳县，隶并州辖。北魏孝武帝永熙元年（532年），高欢消灭盘踞晋阳的尔朱荣残余势力，在晋阳建成大丞相府。此后太原实际成为东魏的决策中心，晋阳亦称"霸府"。北齐天保

①《史记·秦本纪第五》。

元年（550年），高欢次子高洋自立为帝建立北齐后，以邺城为国都，始终以晋阳为别都。[1]高氏几个皇帝几乎年年往来于邺城和晋阳之间。晋阳经高氏在东魏、北齐的营建，政治地位不言而喻，成为实际上的国都，成为"中国陪都史上的特殊现象"[2]。北周灭北齐后，置并州总管府，下设太原郡。

魏晋南北朝之后，隋文帝杨坚取代北周称帝建立隋朝，废除郡制，实行州、县二级制，太原郡改为并州。同时，因为当时北方少数民族突厥部威胁隋王朝的北方边境，为防御突厥南侵，杨坚开始大力推行宗王出镇制度，以晋阳为重镇，先后派其子来到晋阳任并州总管，进一步扩建晋阳城，并带重兵驻守晋阳。隋开皇十四年（594年），晋王杨广因把晋阳看成自己的"发祥"之地，开始大兴土木，在新城之西筑起城高四丈、周长七里的仓城，与北齐大明城成"品"字形鼎足而立，成为城里有城、城外有城的"一都之会"。杨广登基之后，废除并州，复置太原郡。

隋大业十三年（617年），李渊、李世民父子以晋阳为根据地，誓师起义，兵发太原，跨过黄河，夺取长安，取代隋王朝，建立了大唐王朝。因李氏父子以晋阳得天下，并于起兵之际祈祷于唐叔虞祠，而晋阳古有唐国、唐墟之称，遂以"唐"为国号。唐初，并州初置大总管府，又改大都督府。因李唐发迹于太原，加之太原的重要战略地位，唐朝历代皇帝视太原为龙兴之地，均非常重视太原，亲自巡视并派重臣亲信把守扩建和整治。武则天登基之后，于唐天授元年（690年）颁诏"其并州宜置北都，改州为太原府"[3]，升太原为大唐"北都"。随后，太原地方长官长史崔神庆大兴土木，建成横跨汾水之上的"太原三城"，连接晋阳城和汾东城。太原与京都长安、东都洛阳并称"三都""三京"，成为仅次于

---

[1] 杜学文主编：《山西历史举要》，三晋出版社2017年版，第193页。

[2] 渠川福：《我国古代陪都史上的特殊现象——东魏北齐别都晋阳略论》，载《中国古都研究》1986年第4期。

[3] [清]董诰：《全唐文》卷22。

长安、洛阳的全国第三大城市。诗人李白曾两次来到晋阳，并写诗盛赞曰："天王三京，北都居一。其风俗远，盖陶唐氏之人欤？襟四塞之要冲，控五原之都邑，雄藩巨镇，非贤莫居。"①

五代十国大分裂时期，因后唐、后晋、后汉、北汉，或发迹于晋阳，或以此为国都，太原名声显赫于全国，被传为"龙城"。

北宋太平兴国四年（979年），宋太宗北伐刘汉后，最终灭掉了以太原为都的北汉政权。由于憎恨太原军民对宋军的顽强抵抗及恐惧太原"龙城"的美誉，遂下令火烧晋阳城，又引汾、晋之水夷晋阳城为废墟，一座历经一千多年悠久历史的文明古城在宋初遭到了彻底的破坏。宋初毁灭太原城，也使北宋失去了抵御北方少数民族入侵的屏障，一定程度上加速了宋王朝的灭亡。三年之后，即北宋太平兴国七年（982年），宋大将潘美在晋阳古城以北四十余里的唐明镇修建了太原新城，太原城重新崛起，但规模较小，远不及晋阳古城。新建的太原城四条官街呈"丁"字形格局，据说这样的布局也是为了破坏太原的"龙脉"。北宋嘉祐四年（1059年），设太原府治。②

宋末，北方少数民族女真人的铁骑开始南下伐宋，太原城开始进入战乱时期。金宋太原之战因北宋王朝放弃抵抗，最终使得太原城被金兵攻破。宋钦宗赵桓割中山、河间、太原三镇交金人，以求女真贵族退兵。③从此，太原人民在战乱摧残中度过了多年。南宋嘉定六年（1213年），太原被蒙古军占领。元朝时，太原府被废，称为太原路，路治阳曲。

明洪武元年（1368年），明将常遇春、徐达攻占太原，复置太原府。为防御蒙古入侵，朱元璋沿长城一线先后设置

① ［唐］李白：《秋日于太原南栅饯阳曲王赞公贾少公石艾尹少公应举赴上都序》，见安旗主编《李白全集编年注释》下，巴蜀书社2000年版，第1683页。
② 李书吉主编：《山西古代城镇研究》，三晋出版社2016年版，第314页。
③ 漆侠：《宋太宗与守内虚外》，见漆侠《漆侠全集》第9卷，河北大学出版社2009年版，第158页。

了辽东、宣府、大同、榆林、宁夏、甘肃、蓟州、太原、固原九个军事重镇，史称"九边重镇"，太原即为"九边重镇"中的重要城市之一。此外，太原府还新设了太原前卫、太原左卫等军事武装单位。同时，明太祖封第三子朱棡为晋恭王，督镇太原。朱棡开始对太原进行扩建，在潘美所筑的太原旧城的基础上，向南、北、东三面进行大规模扩建，由原来的四门形成八门、四角楼、十二座城楼的"锦绣太原"，这也使得明代的太原城规模大大超过宋、金、元时代的太原城，成为一座边防要塞重镇。此次扩建的太原城，大东门为宜春门，小东门为迎晖门，大南门为迎泽门，新南门为承恩门，水西门为振武门，旱西门为阜成门，大北门为镇远门，小北门为拱极门。①在府城东北新建规模宏大、富丽堂皇的晋王府。在明代太原兴建和重修的建筑有很多，著名的有永祚寺、皇庙、唱经楼、关帝庙、文庙、纯阳宫、崇善寺等，其中"双塔凌霄"是太原的标志。

清朝，沿袭明制，置太原府，府治在阳曲县。清代太原城的规制与明代相似，却遭受了清顺治三年（1646年）"飞灰蔽野，烟烬逾月始息"②的一次大火和清嘉庆二十年（1815年）、清光绪十二年（1886年）两次水灾的考验。占地面积几乎为明代太原城四分之一的晋王府被大火化为灰烬，太原城东关、大南关遭到了汾水决堤的严重破坏。太原城内西南方修建的驻扎八旗兵的满洲城几近百年后被淹毁，后清军在小五台附近另筑城堡，称作"新满城"，原来的满洲城被称为"旧满城"。

明清两代对太原的扩建和重修，留存了许多古建筑，如崇善寺、文庙、纯阳宫、皇庙、双塔寺等，至今太原许多街巷还沿用当时的名称。不仅如此，明清时期，作为边防重镇

① 张春祥、王富华主编：《太原城市的空间扩展》，山西科学技术出版社2005年版，第390页。
② [清] 顺治《太原府志》，见安捷主编，太原市地方志编纂委员会整理《太原府志集全》，山西人民出版社2005年版，第599页。

和晋商之都的太原，商业和手工业、矿业得到明显发展。其中，最引人注目的是傅山、罗贯中等在民间逐步成长起来的文化艺术大师和号称"海内最富"的晋商。

1905年，孙中山在日本成立同盟会。山西同盟会会员、阳曲人荣炳率先返回太原组织分会，之后，太原留日学生纷纷返回太原，通过舆论和各种活动为太原的革命武装起义做准备。

1911年10月10日，武昌起义打响了终结帝制的第一枪。10月29日，与武昌起义仅相隔十九天，山西革命党人直冲山西巡抚衙门，击毙巡抚陆钟琦，起义军在太原起义成功。当天，太原起义主要领导、山西同盟会人士以及拥护起义的士绅，决定建立山西军政府，推举阎锡山为军政府都督。太原成为辛亥革命中继武昌、长沙、西安、南昌后第五座举行革命武装起义的城市。对此，孙中山先生评价说："使非山西起义，断绝南北交通，天下事未可知也。"①

1912年，太原府被革除，阳曲县留存。1921年，阎锡山在阳曲县城（今太原市城区）新设置了太原市政公所。新置的太原市政公所不是一个新的地方建制，与县无从属关系，是太原市的初期雏形。1927年，国民政府定都南京，并把全国经济较为发达、又是政治军事要地的县升格为市，太原市政公所升置为太原市，这是太原历史上设置市制之始。同时，阎锡山主政山西期间，大力推进山西的教育事业。太原的教育事业由此稳步发展，教育质量与全国相比一直保持较高的水平。鉴于此，全国教育联合会第五届年会于1919年10月10日至25日在太原举行。此外，太原逐步建立起一整套完善的军事、工业体系。20世纪30年代初，太原工业发展进入辉煌时期，不仅在省内独占鳌头，在国内也名列前茅。1937

① 孙中山：《中国尚在危险时代——在太原各界欢迎会的演说》，见孟庆鹏编《孙中山文集》上，团结出版社2016年版，第336—337页。

年前后的太原城，被称作"大革命时代的广州"和"小延安"。^①在抗战中屡建功勋的牺盟会和决死队在山西国民师范酝酿成立，被毛泽东称为"我们党统一战线政策的一个成功的例证"。^②

1937年卢沟桥事变后，日寇入侵山西。1937年11月8日，太原会战失利。当日，日寇用重炮轰破太原城垣。11月9日，太原城沦陷于侵华日军之手，遭受日寇八年蹂躏。

1945年8月15日，日本宣布无条件投降，太原被收复。

1949年4月24日，经过激烈残酷的争夺，在围城达六个月之后，由徐向前指挥的人民解放军发起总攻，经过四个半小时的战斗，攻克太原，结束了阎锡山在山西长达三十八年的统治，古城获得新生。

改革开放以来，特别是1992年太原被列为全国内陆省会开放城市之后，太原市委、市政府提出了"超常规、大跨度、高起点、全方位"的经济发展战略，把城市建设摆在突出位置，大力加强城市基础设施建设，改善投资环境，太原市的城市建设管理工作得到较快发展，城市面貌日新月异。2011年3月，国务院批复同意将山西省太原市列为国家历史文化名城。2012年8月19日至20日，以"新晋商·新山西·新跨越"为主题的首届世界晋商大会在太原隆重召开，龙城太原迎来了全球四十二个国家和地区的一千四百余名晋商精英。

太原作为山西省省会，是一座具有四千七百多年历史、两千五百年建城史、"控带山河，踞天下之肩背"^③，"襟四塞之要冲，控五原之都邑"的历史古都。在这片历史悠久、文脉兴盛、充满活力的中原厚土上，首先要浓墨书写和必然探访的便是太原重要的教育符号、文化符号——太原文庙。太原文庙于2013年3月5日被列为全国重点文物保护单位，是国

---

① 降大任：《山西史纲》（增订本），三晋出版社2016年版，第437页。

② 薄一波：《七十年奋斗与思考》上卷《战争岁月》，中共党史出版社1996年版，第361页。

③〔清〕顾祖禹：《读史方舆纪要》卷40，商务印书馆1937年版，第1670页。

内存量极少的省府文庙之一。太原文庙主体建筑有牌楼、照壁、东西六角亭、棂星门、大成门、大成殿、东西庑、崇圣祠，大成殿和配殿等作为展厅使用，围绕山西民俗文化、孔子及儒学文化两个主题，形成民俗与儒学并重的两条基本陈列主线。

太原文庙历经千余年的演变发展，屡经重修、移地扩建、移作他用，但格局分明、内涵丰富，积淀着传统儒家文化，发挥着其教育、文化功能。太原文庙以其丰厚的儒家文化内涵、宏伟庄严的古典建筑群、珍贵的历史文物，向社会各界展示了其独特的魅力和风采，也为研究儒学、中国教育史、山西教育史、太原教育史等提供了翔实丰富的资料，有助于对我国社会思想文化认识的变化进行透视。当前，在努力实现中华民族伟大复兴之际，应着力挖掘本土区域文化内涵，为传承和保护历史遗存下来的文庙和儒家文化精神贡献力量，也为区域文化教育的历史传承和重建尽绵薄之力。

太原文庙的
历史沿革与现状

初建和发展时期（979—1881）

被毁和重建时期（1882—1905）

山西省立民众教育图书博物馆、山西公立图书馆时期（1919—1932）

山西省立民众教育馆时期（1933—1936）

伪山西省立新民教育馆时期（1937—1945）

山西省民众教育馆时期（1945—1949）

山西省博物馆时期（1949—2002）

修复和步入正轨时期（2003年至今）

文庙是后人祭祀孔子、尊崇儒学和推行礼教的建筑，最早可以追溯到曲阜阙里。文庙在不断发展过程中，其功能也在不断扩展，由最初单纯祭祀孔子，到后来产生因文庙而设立学校或因学校设立文庙的庙学合一制度，以至历史上许多名儒名贤也被请进文庙加以祀奉褒扬，其意义已经远远超出了它最初发端时的纪念功能。①

太原文庙属于地方府学文庙，兼具祭祀孔子和官学的功能。最早的太原文庙可以追溯到宋金时期，自此时起发展大致可以分为以下几个阶段。

---

① 太原市文物局编著：《太原最有文化的三十三处美景》，山西经济出版社2014年版，第207页。

初建和发展时期

（979—1881）

清乾隆《太原府志》对太原文庙的初建和发展有如下记载：

太原府儒学，府治东。宋太平兴国四年，徙州于城东南隅，建孔子庙。景祐中，并州牧李若谷首即庙建学。庆历初，明镐又建礼堂于殿北。皇祐五年，韩魏公琦知并州，辟地建学，自为记。靖康末，兵毁。金天会九年，耶律资让镇太原，重建今所。正隆初，太原尹完颜宗宪修。大定丙午，亚尹张子衍、漕贰杨伯元立建贤堂于两庑间。明昌二年，张大节知太原，增治殿宇、讲堂、斋室，翰林赵沨为记。是年登龙飞榜者，学籍凡七人。翰林应奉王泽，首冠多士，而州学复一新。元末圮。

明洪武三年重建。景泰、天顺间，巡抚朱鉴、布政陈昱、参政杨璿、副使李俊继缮。嘉靖九年，诏建敬一亭，植御制敬一箴，宋儒视、听、言、动四箴。十年，诏建启圣祠。天启六年，督学吴时亮重修。

国朝顺治十一年，巡抚刘宏遇大新之，孙籥记。康熙十七年，巡抚土克善复修，库尔康记。二十五年，御书"万世师表"，颁发州县，悬额庙中。二十八年，天下郡县学仍舞八佾。三十三年，御制《至圣先师孔子赞》、《四配赞》，颁行天下……崇圣祠，正殿后东北，旧为启圣公祠。雍正三年，改为崇圣祠……文昌阁，儒学大门内。奎星楼，儒学大门内。名宦祠，戟门外左。乡贤祠，戟门外右。①

太原文庙最初设于太原府儒学之中，宋太平兴国四年（979年）之前建于府治东，成为文庙和学校互相结合的庙学合一体制。《并州新修庙学记》记载如下：

太平兴国四年，太宗皇帝平伪刘，一天下，坏太原故城，徙州榆次。又三年，复迁于唐明。当时经始者乘用武之后，虑弗及远，不知并据都会，异日为一道之本，凡城隍、官府、门户、衢陌之制一从苟简，不中程度。视夫子之庙尤为不急，置城之东南隅，体陋而削，仅有祠所。②

可见，宋太平兴国四年（979年），宋太宗平定北汉，因此前太原城池紧固，率攻不破，宋太宗对此仍耿耿于怀，于是在攻破太原城后下令毁灭太原城，让居民迁往汾水东的新城，把新设立的并州府迁到榆次。居民出城后，宋太宗下令放火，"万炬皆发，官寺民舍，一日俱烬"③。第二年四月，又封堵汾水、晋祠水，灌入太原。最终，这座历经一千余年的千年古镇经此火烧、水灌，变为一片废墟。豪华壮丽的晋阳

① 安捷主编，太原市地方志编纂委员会整理：《太原府志集全》，山西人民出版社2005年版，第727—728页。

② [宋]韩琦：《并州新修庙学记》，《安阳集》卷21，见[宋]韩琦撰，李之亮、徐正英笺注《安阳集编年笺注》上，巴蜀书社2000年版，第701页。

③ 刘琳等点校：《宋会要辑稿》，上海古籍出版社2014年版，第8737页。

宫，铭刻着唐王功业的起义堂和受瑞坛，血肉铸就的澄空大佛，均化为灰烬。直到太平兴国七年（982年），宋太宗才下令将并州府迁回到唐明镇（即今太原城）。由上述引文可知，当时主持重建并州新城的官员由于刚刚经历战争，未能顾及长远之计，故太原文庙规模较小，"仅有祠所"。

在宋代兴学运动的推动下，地方官学发展迅速，文庙数量迅速增加，形制开始变化，规模逐步扩大，文庙的学校功能更加明确，逐渐形成前庙后学的布局。大成殿多为三开间，单檐或重檐歇山顶，左右设廊庑，供奉孔子的弟子，殿南为大成门，殿北为讲堂，堂两侧设斋室。在此推动下，太原文庙有所发展。

> 景祐中，康靖李公若谷首即庙建学，得赐田赡学徒，而人始乐教。庆历初，文烈明公镐又建礼堂于夫子之殿北，而讲始有容。然皆因仍故基，地愈逼隘。其后生员浸广，至圬东西序所图诸弟子室而处之，二时释奠三献，从祀官与学生、执事者不能遍列于庭，半立庙门之外。皇祐五年春，某忝被州寄，受署来谒，知于礼之渎，而未遑改作，始奏隰州司户参军牛景充教授，以专学职。明年秋，大穰，民安事简。于是驰使东鲁，得仙源庙图像、冠服之实，买民庙北地，命崇仪使、并代州管内兵马钤辖张偾，右侍禁、兵马监押王守恩集工视役，彻其旧而一新之。然后广殿耽然而雄，睟容俨然而尊，颜氏以降诸弟子、孟氏以降诸大儒，或像而侍，或图而列，次序于堂庑之间，焕然大备。复徙庙东州兵之居以置学，南书楼、北讲堂、东西斋舍，庙学异门。又设射侯于庙学之间，以备男子之习。至于起居饮食之事，必

严其所，俾称是焉。自始事底讫功，凡度材治基，逮途茨丹艧之细，一须官用，无及民者。

夫庙学之新，其于为治之道，窃有志达其本者，而诸生其达学之本乎？今饰公斋，萃公书，洁公食，日授经，月课文。昧其教者苟曰："此欲吾艺之精，取进士科，富且贵而已。"噫！如是，则吾学乃教人窃禄之地，非有望于诸生也。夫精艺而求仕，末也；得仕而行道，本也。然不由其末，则不得施其本。故由末而仕，其末不可用而本或不存焉，非窃禄何哉？且晋之俗，陶唐氏之俗也；吾夫子之道，二帝三王之道也，岂习俗之易，而习道之难哉？盖习俗易者，其法传；习道难者，其学废。今学兴矣，处吾学者，其务外勤于艺而内志于道。一旦由兹而仕也，则思以其道为陶唐氏之臣，心陶唐乎其君，心陶唐乎其民。能如是，吾始谓之达其本。①

太原文庙直至宋代立国十余年后，即宋太平兴国四年（979年）才得以兴办，但因统治者的主要精力在于一统江山，加强中央集权，无暇顾及兴学，致使太原文庙体制鄙陋，规模狭小，教学荒芜。经历宋太宗、宋真宗两朝，太原文庙于宋仁宗时期在并州牧李若谷的重视下才就府文庙而兴学，"得赐田赡学徒，而人始乐教"。至此，太原文庙成为祭祀孔子兼具官学功能的场所。庆历年间，随着宋王朝统治中各种矛盾日益增多，国家对人才的需要也日益增加，统治者开始认识到兴办教育的重要性，因而宋仁宗时期，庆历兴学运动蔚然成风。在兴学运动的推动下，明镐又在文庙北建礼堂，且讲学渐有规模，生员人数逐渐增多。当时，太原文庙因"仍故基，地愈逼隘。其后生员浸广"，以至于"二时释

① ［宋］韩琦：《并州新修庙学记》，《安阳集》卷21，见［宋］韩琦撰，李之亮、徐正英笺注《安阳集编年笺注》上，巴蜀书社2000年版，第702—706页。

奠三献，从祀官与学生、执事者不能遍列于庭，半立庙门之外"[①]。宋皇祐五年（1053年），北宋著名的政治家、与范仲淹合称"韩范"并推行"庆历新政"的韩琦任并州知州。韩琦重视教育，认为"唯郡县守长得施其教者，能兴学以恢其德，崇庙以称其尊，斯可以达其本者也"，开始在太原辟地建学，聘用司户参军牛景担任太原文庙的教授。宋皇祐六年（1054年）秋，太原风调雨顺，农业大丰收，民心安稳，韩琦专门派人前往山东曲阜，于曲阜孔庙请来图像、冠服，以及七十二贤弟子的画像，回来后负责夫子庙的修缮扩建和圣人画像的重新绘制。同时，韩琦派专人监督太原文庙的修建工作，又命崇仪使、并代州管内兵马钤辖张僎和右侍禁、兵马监押王守恩负责监工，并将文庙北的兵营迁往别处，将兵营改建为庙学。太原文庙重修和扩建后，重塑了孔子塑像，在院子廊庑中增设了颜渊诸弟子和孟子诸大儒画像，先儒先贤或是图、或是像，仪容威严，太原文庙内外焕然一新。不仅如此，太原文庙与太原府学各司其职，祭祀入太原文庙之门，求学入太原府学之门。太原府学中南建书楼，北设讲堂，东西为斋舍，这些皆为公帑，无一物取自民间。太原文庙和太原府学设箭靶于庙学之间，可供男子学习射箭。为鼓励学子一心向学，太原府学在书楼北墙壁之上绘制了孟子、荀子、杨雄、王通、韩愈画像，韩琦亲自作《五贤赞》，记述五位先贤"为往圣继绝学"的功业。

> 余既新夫子之宫，乃绘诸弟子及左氏而下释经诸儒于东西序，又图孟、荀、扬、王、韩五贤于书楼之北壁，遣人自国庠得前人所撰孔子弟子暨释经诸儒之赞，署于其侧。独五贤者无赞焉。诸生欲其速备也，亟请鄙

[①] [宋] 韩琦：《并州新修庙学记》，《安阳集》卷21，见[宋]韩琦撰，李之亮、徐正英笺注《安阳集编年笺注》上，巴蜀书社2000年版，第702页。

文以补之。余惜其缺，诺焉而不敢让。既而叹曰："夫五贤者，圣人之亚，学者之师。诸生姑欲速一时之备，使余不暇求当世能文者为之辞，而辄易言之。世且讥我，诸生岂爱我哉？"虽然，孔、孟之道，尧、舜之德，而途巷之人，亦能称诵之，同推其善而已矣。知我者宜恕焉。①

不仅如此，韩琦还亲定《并州学规》。《并州学规》借鉴了太学及河南、大名、京兆府、苏州等地的学规，并根据并州情况编成，颇具指导意义。司马光任并州通判时，曾将此学规刻于石碑上，并作《并州学规后序》，指出学规对教育教学顺利进行的意义："呜呼！是规也存，虽屋不加多，食不加丰，生徒不加众，犹为学兴也。是规也亡，虽列屋万区，糇粮如陵，生徒如云，犹为学废也。"②就此观之，太原文庙在重修后，各种教学设施完善；学规明确清晰，进一步确保了教学秩序井然；书声琅琅，学生作息严格、规范，使得生员可以安心学习，早日成才，报效于地方和国家。

由此可见，有宋一代太原文庙在兴学运动的推动下得以重建和扩建，规模逐渐扩大。宋崇宁三年（1104年），宋徽宗下诏天下州县皆立文宣王庙。由此，形成了全国性的修建文庙的活动，文庙发展进入兴盛期，尊孔活动亦进入高潮时期，中国儒学的发展此时得到了空前的繁荣。太原文庙屡经修缮、完善，其教育教学活动如火如荼地开展着，教学秩序井然有序，文风不断兴盛，致力于培养"外勤于艺而内志于道"的人才。正如韩琦所言，这样的人才一旦入仕，"思以其道为陶唐氏之臣，心陶唐乎其君，心陶唐乎其民"③，裨益于太原自古的陶唐遗风源远流长，推动太原政治、经济、文化

① ［宋］韩琦：《五贤赞（并序）》，见［宋］韩琦撰，李之亮、徐正英笺注《安阳集编年笺注》上，巴蜀书社2000年版，第760—761页。
② ［宋］司马光：《并州学规后序》，见［宋］司马光撰，李之亮笺注《司马温公集编年笺注 5》，巴蜀书社2009年版，第135—136页。
③ ［宋］韩琦：《并州新修庙学记》，《安阳集》卷21，见［宋］韩琦撰，李之亮、徐正英笺注《安阳集编年笺注》上，巴蜀书社2000年版，第706页。

不断发展。

靖康之役，太原文庙不幸遭遇兵乱而被毁。自金代统治者灭掉北宋，统治黄河流域大片土地后，逐渐认识到儒家思想对其统治的重要性。在金开国二十多年后，便开展了修缮和修建文庙的活动。金天会九年（1131年），耶律资让镇守太原，开始重修太原文庙。太原文庙当时位于阳曲县城县前街中段路北（今太原市府西街四十六中东部）。之后，金大定二十六年（1186年）、金明昌二年（1191年），太原文庙分别增建了贤堂、殿宇、讲堂、斋堂等。关于金代太原文庙的情形，《太原府学文庙碑》有详细的记载。

府旧有学，离兵革之后，荡毁无余。至天会九年，耶律公资让来帅是邦，叹馆弗修，但取故官舍余材以成之。正隆初，完颜宗宪为尹，稍加缮完。大定丙午，张公子衍为亚尹，杨公伯元为漕贰。二公以殿宇卑隘，立建贤堂于两庑间，制度盖未广也。圣上嗣服大政，宗儒尚文。明昌二年，以前中都路都转运使张公大节出尹太原。太原于公为乡郡，故尤以宣布教条、淬励风俗为己任。始至，首谒先师。见其栋宇卑陋，陛庑狼藉，喟然叹曰："是足以上副皇朝右文之意乎？"乃量功命日，撤故就新。始自大殿，重加整饰，周以翠甍，华而不侈，孝礼为宜。因中门两翼，构为外舍各三楹，分六斋。又建大堂于贤堂之南，俨雅清洁，望之生敬。故讲堂去殿不数步，无阶陛可以降升，暗翳迫隘，不堪其陋。今北选二十步有奇，隆基三尺余，高壮伟丽，与大殿相辉映。复构屋十楹左右，为斋十六，稍南又各建六楹，分八斋，及外斋总三十楹。讲堂之后，提学、教授、正录之位序咸在焉。讲学谈经既有堂与斋矣，储粟藏书既有库矣，饮食有庖，祭祀有器，秀茂之士，其至如归。公乃诣学，召集诸生，谆谆劝诱，不啻如贤父兄之切至也。是年登龙飞榜者，学籍凡七人，翰林应奉王泽首冠多士。先是公持横海节，亦时修饰学官，督课儒业，学生徐题是举遂魁天下。并、沧皆古名镇，以学校之废，故久无登科者。一旦兴学，二人继成大名，则知张公教养之勤，岂非其效验耶？[①]

耶律资让镇守太原时，感叹太原文庙破旧不堪，便利用旧有材料维修太原文庙。金国皇族完颜宗宪尤爱读书，并以文学见长，精通契丹文和汉文，在其任太原尹期间，进一步对太原文庙进行修缮。金大定二十六年（1186年），张子衍、杨伯元分任亚尹、漕贰时，太原文庙殿宇狭窄，增建"贤堂于两庑间"。金明昌二年（1191年），五台县人、金天德三年（1151年）进士张大节出尹太原，政绩突出，尤为注重兴学养士。张大节以传播儒学、淬励风俗为己任，到太原后首先来到太原文庙，有感太原文庙过于简陋陈旧，杂乱无章，开始翻新太原文庙，整饰大殿、校舍、讲堂、斋堂、书库等，并新建房屋多楹。在多方努力下，州学生徐题于金大定二十五年（1185年）状元（词赋）及第；府学生登明昌二年（1191年）龙飞榜者总共有七人，其中王泽为该科词赋状元。金代文学家赵沨在《太原府学文庙碑》中说："并、沧皆古名镇，以学校之废，故久无登科者。一旦兴学，二人继成大名，则知张公教养之勤，岂非其效验耶？"[②]

兴学带来了学校的不断发展，文风日振，登途入仕人数日渐增多。并州自古以来就是名镇，但是学校一直荒废，经

① ［金］赵沨：《太原府学文庙碑》，见［清］张金吾编纂《金文最》，中华书局1990年版，第1107—1108页。
② ［金］赵沨：《太原府学文庙碑》，见［清］张金吾编纂《金文最》，中华书局1990年版，第1107—1108页。

久以来没有登科之人，更不用提夺魁者，但是具有文化积淀的并州一旦兴学，就涌现出大批人才。而高中状元更是激励了地方官重视文化和教育，勉励当地学子不断向学。

元末战争频繁，太原文庙倾圮。明代初年，在尊孔崇儒的文教政策推动下，地方文庙进入大发展时期。在明代地方文庙发展热潮中，洪武三年（1370年），太原文庙重建。天顺四年（1460年）三月二十日，太原文庙大成殿迎来甘露，殿前松树被甘露滋润，被视为祥瑞的征兆，更加激发和鼓舞了地方官员重修太原文庙以重振本地文脉的士气。据成化《山西通志》记载：

> 天顺四年三月二十日，甘露降于太原府学文庙大成殿前松上，有司以进赐宝钞百缗。是岁，参政杨璿等继修庙学。甫成，生员周经、张熙皆登进士第，选入翰林，时以为圣贤妥灵英才德育之应。[1]

当年，太原文庙的生员周经、张熙都中了进士。

此后，太原文庙不断地拓展和重建。明成化十二年（1476年），太原文庙得以重修。据成化《山西通志》记载，此时太原文庙的形制比较完备：

> 大成殿两庑，中门灵星门，内神库、斋室，庙西乡贤祠，祠南射圃，庙后明伦堂，左右四斋，曰时习日新，进德修业。堂西馔堂，堂东神厨，又东文昌祠，祠后仓堂，后北讲堂，两厢东曰藏修，西曰游艺，中杏坛，又后师生廨舍。[2]

[1] [明]成化《山西通志》卷7《古迹、祥异、景致》。
[2] [明]成化《山西通志》卷4《学校（社学、书院附）》。

而后，明嘉靖、天启年间，太原文庙屡经增建和修缮。明嘉靖七年（1528年），明世宗诏令在全国地方官学中建敬一亭，将御制的《敬一箴》、范浚的《心箴》和程颐的《视听言动四箴》刻于碑上，立于亭中，作为天下士人的规诫和座右铭。太原文庙于明嘉靖九年（1530年），即诏令后两年奉诏建立敬一亭。明嘉靖九年（1530年），明世宗诏令各地方官学建立启圣祠，以祭祀孔子父亲。明嘉靖十年（1531年），太原文庙奉诏建立启圣祠。

与天顺年间太原文庙普降甘露迎来祥瑞一样，明万历元年（1573年），太原文庙又迎来祥瑞。据雍正《山西通志》记载：

> 万历元年，绛州天裂，太原府学文庙生瓜蔓绵丈余，结瓜十一，是科举者十一人，一时以为瓜瑞临晋。[1]

这一年，太原府学文庙中的瓜蔓绵延不绝，有丈余，结了十一个瓜，恰巧当年科举考试中举者十一人。借助这一祥瑞事件，时人认为是因重修文庙而使文脉大振，祥瑞降临三晋大地，进一步鼓舞了学子的士气和向学之心。

在明代文庙的基础上，清代沿袭明代文庙的形制，只是敬一亭、射圃、射圃亭等逐渐荒废。清代中期，地方文庙建筑一般沿中轴线对称布置，由南到北依次为照壁、棂星门、泮池、大成门（又称戟门）、大成殿前月台、大成殿、崇圣祠，大成殿前左右设东西庑。除这些建筑之外，文庙中还有乡贤祠、名宦祠、忠义孝悌祠、更衣所、牺牲所（神厨所）、祭器库等。[2]顺治、康熙、雍正三朝，太原文庙亦不断扩建。据清山西督学道孙簹撰《大中丞刘公重建府学文庙碑

---

① [清] 雍正《山西通志》卷163《祥异》。

② 张亚祥：《江南文庙》，上海交通大学出版社2009年版，第24—25页。

记》记载：

> 首念郡庠鳣序之地湫隘沮洳，秋水时至，平地江湖。前此不无葺治，乃旋葺旋圮，曾无卒岁之计，苦营度工用而支费不赀，时诎举赢，鞭算无术。公慨叹久之，乃首倡捐俸。应者云集，凡属宇下，自藩臬监司守令佐领以至学博绅衿，乐趋恐后。爰以守、巡二公总其成，嗣以金阊杨公董厥目，鸠工庀材，蠲吉戒事，木石陶瓦，惟良惟贞。而殿庑，而两庑，而戟门、棂星，而泮池、甬道，暨明伦堂及诸生馆庖几榻，既备既坚，爰宏且邃，丹雘藻丽，屹然大观。拟有千年不拔之制，视昔之旋葺旋圮、罔克卒岁者，固已一劳永逸。于是考正雅乐，八音五声，一依律准，缀兆疾徐，皆合节奏。再睹时雨化成之美，功在圣域，德载口碑。[1]

清顺治十一年（1654年），巡抚刘宏遇因太原文庙久遭雨水且经常坍塌而对其进行重修。通过捐资重建，太原文庙各项设施齐全，赢得了当地民众的认同，有助于儒学的不断传播，裨益于当地学子以及文风的重振。

不仅如此，太原文庙于清代接受了朝廷颁发的御书匾额"万世师表"。康熙四十一年（1702年），御制"训饬士子文"，镌碑于明伦堂。据清乾隆《太原府志》、清道光《阳曲县志》记载，太原文庙在府治西，文庙外有两大坊，东曰"德配天地"，西曰"道冠古今"。庙内的主要建筑有棂星门、戟门、大成殿、东西两庑、名宦祠、乡贤祠、孝悌忠义祠、崇圣祠（正殿后东北）、文昌祠（儒学大门内）、奎星楼（儒学大门内）、敬一亭、更衣厅、泮池石桥以及供

① [清] 孙籥：《大中丞刘公重建府学文庙碑记》，见魏民主编《三晋石刻大全·太原市杏花岭区卷》，三晋出版社2011年版，第332—333页。

教学使用的明伦堂、斋房、教谕宅、训导宅等。清乾隆年间，太原文庙的射圃不复存在，敬一亭依旧存在，启圣祠于雍正三年（1725年）奉诏改为崇圣祠。太原文庙已成为太原当地尊祀孔子和开展儒学教育活动的官学，且涌现了诸多登科学子。

此时太原文庙所在位置是今太原市府西街四十六中东部，即今天的鱼池街。鱼池街如今仅是一条窄街陋巷，但在被汾水冲毁之前，曾是太原城的儒学中心。此时的太原城作为太原府、阳曲县的治署所在地，太原府学和阳曲县学就设在鱼池街南段路东，阳曲学宫设在鱼池街南段路西，它们几乎占据了街巷的一半。明清时期的很长一段时间内，这里承担了太原府、阳曲县的地方教育管理工作，主持本地的科举考试，掌管太原府文庙和阳曲县文庙的春秋两季祭祀。1881年，汾河水患屡次冲毁房屋，太原文庙被水毁。

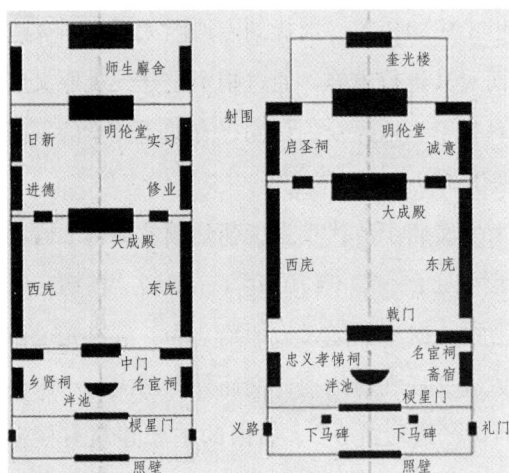

明代太原文庙平面示意图

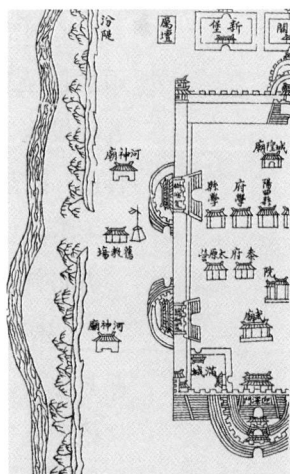

清代太原府学位置图

（图片来源：马骏华等《雄藩巨镇 非贤莫居：太原·大同的城市历史意向再造》，东南大学出版社2013年版，第44页。）

被毁和重建时期
（1882—1905）

清光绪七年（1881年），张之洞出任山西巡抚。恰好在这一年，太原连降大雨，汾河决堤，原在城西县前街（今府西街西段水西关）一带的太原府城的文庙因靠近汾河，且地势较低，毁于大水。加之此前发生的丁戊灾荒，府城缙绅学士，无不为之大惧和恐慌，以为天降凶示于文人，水退之后，遂集聚府衙请求太原知府出面重建。太原知府把府城众文士的联名书上呈山西巡抚张之洞，请巡抚大人定夺。考虑到灾难善后和稳定太原文人之心，张之洞决定重建一座文庙，而且是比之前规模更大的文庙。清光绪八年（1882年），张之洞在整顿完山西的行政机构后，开始着力寻找可以适用于建设新文庙的场地。经过一番考虑和考察之后，他将目光投向了同治三年（1864年）被雷火焚毁的前朝皇家寺庙——崇善寺所在的废墟之地（今太原文庙址），考虑重新利用已经荒芜了十七年的崇善寺废墟。崇善寺是明代开国皇帝朱元璋第三个儿子朱棡为纪念其母亲而建，寺庙的规模非常大。到同治年间，崇善寺被火烧之后，规模有所缩小且逐渐荒凉，成为一片废墟。但是，焚毁的崇善寺废墟之地残存的建筑中用于复建的基础还在，张之洞考虑到这些有利因素，遂选定崇善寺老寺的前半部分作为太原文庙重建之地。重建太原文庙的场地选定后，随之而来的是重建太原文庙的资金问题。此时，山西的财政在应对丁戊灾荒时已经捉襟见肘，加上贪污腐败横行，从财政收入中挤出重建太原文庙的资金较为困难。张之洞清楚此时动用公帑，必定有人在背后弹劾他，便转而积极提倡并召集民间力量。可喜的是，张之洞倡导集资建设太原文庙的想法得到省城人民的支持。这样，在没有动用公款的情况下，一座规模宏伟的新文庙拔地而起。移地重建的太原文庙，利用崇善寺未毁的零星建筑，较之原先的文庙更为恢宏、庄重。重修后的太原文庙坐北朝

位于山西省太原市东南隅的崇善寺，2013年3月5日被国务院列为全国重点文物保护单位（图片来源：图虫创意）

南，两重院落，亭、殿、门、庑、祠近百间，四周红墙高耸，占地面积达4万多平方米。[1]此时，阳曲学宫在阳曲县城县前街，紧临原太原文庙的西侧。因阳曲学宫地势低洼，易遭水患且多次维修，于太原文庙新址落成后，随太原文庙从府西街迁入太原文庙新址。[2]张之洞重修太原文庙正值光绪三年（1877年），"人吃人"惨状刚刚结束，省库空虚，民不聊生，仍耗费巨资建文庙，以镇定太原文人之心，足见其对重修太原文庙的重视程度。太原文庙重修后，直至清光绪三十一年（1905年）废除科举前，始终是太原官学所在之地，承担祭祀孔子和传播儒学的功能。

张之洞担任山西巡抚时为稳定省城文人的信仰重建文庙，而随着西学东渐热潮推动下时代、文化的变革，他也成为摧毁这份信仰的助力者。光绪三十一年（1905年），在张之洞、袁世凯等南北封疆大吏奏请下，清政府废除了实行十余年的科举，文庙作为中国文人最后的精神寄托也开始飘零。太原文庙于1905年逐渐淡出山西文人的视野，并开始承担其他职能。

张之洞（1837—1909），历任教习、侍读、侍讲、内阁学士、山西巡抚、两广总督等职。

① 太原市政协文史资料委员会编：《太原文史资料·总第十九辑·太原名胜古迹集萃》，太原市政协文史资料委员会1993年版，第88页。
② 阳曲县地方志编纂委员会编：《阳曲县志》，山西古籍出版社1999年版，第492页。

山西省教育图书博物馆、山西公立图书馆时期（1919—1932）

宣统元年（1909年），山西省图书馆建立，山西巡抚宝棻于当年四月奏山西省建设图书馆折称："兹勘得省城常务公所之西偏隙地，于光绪三十四年创建图书馆，计楹楼五座，廊屋四十七间，阅览室五间，标本陈列所五间，北面接待所三间。经营累月，始克落成。馆内所藏经史子集一万八千卷，东西各国科学书七百余种。"① 出于"保国粹而惠士林"的初衷，以及全国各省纷纷创建图书馆的时代潮流，时任山西巡抚的宝棻奏请创建山西省图书馆，用于收藏古籍和中西各科图书。此时，太原文庙还未与山西省图书馆发生联系。

自南京临时政府建立后，1912年《山西教育会议报告书》指出，"省城图书馆地址及建筑，由教育司长酌量经费办理。教育博物馆即以府文庙各廊庑略加修改，以省建筑"②。可见，自民国以来，随着儒学开始没落，出于大力提倡社会教育以及以文庙为既有地址修建教育图书博物馆"以省建筑"、发挥文庙社会教育的作用等考虑，太原文庙被改作他用，作为清末图书馆的延续，逐渐发挥图书馆的功能，同

① 杨子荣编著：《三晋文明之最》，三晋出版社2012年版，第301页。
② 山西省图书馆编：《山西省图书馆史料汇编》，山西人民出版社2003年版，第9页。

时成为山西省最早的官办博物馆。1915年，参加圣诞曲阜大会的山西代表常子襄建议"政府提倡孔庙庙旁附设教育仪器图书，以为社会教育之补助"[①]。此后，山西教育会、宗圣会为提倡社会教育，补助国民教育，启发民智，认为文庙"之藏经存板，到处徒慨荒残。此诚人文进化一大障碍也。"[②]在借鉴江苏县文庙通俗教育馆的案例基础上，山西省教育会会长兰承荣等人倡设圣庙教育馆，在"文庙大成门外、两廊隙地，陈列圣贤遗像、普通书报、理科仪器、学校成绩、内地名产诸物品，纵人游览"，实现"普示德育、智育，促进平民社会进化"的宗旨。[③]

太原文庙真正改为山西省教育图书博物馆，源于阎锡山1918年"以省垣为首善之区，观瞻所系，令筹设教育图书博物馆"[④]。1919年10月10日，经过多方筹划和修缮，太原文庙最终被改作山西省教育图书博物馆（也称圣庙教育馆）[⑤]，历任馆长有兰承荣、郭象升等。山西省教育图书博物馆开幕当日，各界来宾齐集于太原文庙。当日的开幕盛况及参观流程刊载于报纸上，具体如下：

> 由该馆副总理兰向青、柯定础两先生导至大成殿前设备之礼堂前行开幕礼。首奏国乐、唱国歌，全体向国旗行三鞠躬礼，奏省乐、唱省歌。礼毕，分别循序参观。该馆设置之路线以文庙棂星门西门为入口，首为阅书室，次藏书各室及人体生理陈列室，次全国及本省物产教育成绩品陈列室，次植矿物标本、物理理化仪器陈列室，次儿童恩物陈列室，次动物标本陈列室，次阅报室，出阅报室即至最后之出口棂星门东门矣。全馆布置井然，有条不紊。随时奏乐者为平民

① 山西省图书馆编：《山西省图书馆史料汇编》，山西人民出版社2003年版，第13页。
②《山西教育会、宗圣会兰承荣、张秀升、柯瑛等请倡设圣庙教育馆书》，载《宗圣学报》1916年第2卷第5期。
③ 山西省图书馆编：《山西省图书馆史料汇编》，山西人民出版社2003年版，第14—15页。
④ 山西省图书馆编：《山西省图书馆史料汇编》，山西人民出版社2003年版，第11页。
⑤ 丁致聘：《中国近七十年来教育纪事》，国立编译馆1935年版，第74页。

工厂之社会音乐团云。①

太原文庙中自此开始设阅览室、藏书室、人体生理陈列室、各省物产和教育成绩陈列室、仪器陈列室、儿童恩物陈列室、标本陈列室等。太原文庙中虽有棂星门、大成殿等文庙固有的建筑，但是这些殿宇或改为阅览室，或为书库，或为其他活动室和陈列室。太原文庙已不再是祭祀孔子和承办官学的场所，而开始成为山西省城乃至全省围绕文物、博物、教育成绩、儿童恩物、报刊图书等开展文化活动的图书馆、博物馆，发展为用以增长人民智识而促进社会进化、发挥社会教育作用而补助全省教育的重要文化基地。②山西省教育图书博物馆于1919年10月10日成立后，确定了办馆宗旨、经费筹集办法、馆员数及职务、陈列物品种类、游览规则、阅览室规则等，陆续收到来自全国各地的图画、手工、书籍等，也注重前往国内外各地征集图书。为了弥补藏书不足之"缺憾"，副馆长柯璜曾派人"赴日本调查图书馆、博物馆设施，购买标本、仪器、图书，并接收了留日预备学校停办移交的部分图书，同时向社会发出征书启事，以求名人书籍"③。经过柯璜及同仁的努力，截至1924年，馆藏书籍达到13万余册，其中中文12万余册，西文2000余册，日文9000余册。因山西省教育图书博物馆馆藏逐渐丰富，吸引了来自各界的游览者和阅书者，进一步助力于社会教育。据1919年11月7日《山西日报》第二版报道："见其门前来往各界甚形热闹。入阅书室，见同时阅书者有二十余人。其专事游览参观者，闻近来每日平均亦有三四百人。从此，该馆果益力求完备，则于社会教育前途，当大可乐观也。"④此时，山西省教育图书博物馆还从大南门外运来明铸万斤古钟，专门规定了

①《图书博物馆已经开幕》，载《山西日报》1919年10月19日星期附刊。
②参见《山西日报》《晋民快览》《来复报》《宗圣》等杂志。
③ 张喜梅：《馆里馆外：文化名人与中国近代图书馆的创建和理论探索》，中国时代经济出版社2013年版，第127页。
④《图书博物馆近日参观阅书者渐踊跃（定乙）》，载《山西日报》1919年11月7日。

太原文庙大钟（图片来源：《学校生活》1936年第151期，未生摄。）

击钟规律。其中催起晨钟——自春分至秋分，每日上午5点半时，连击15声；自秋分至春分，每日移至上午6点半时。催眠晚钟——自春分至秋分，每夜间9点半时，连击15声；自秋分至春分，每夜移至10点半时。报时钟——击催起晨钟以后，未击催眠晚钟以前，每至若干时，则击若干声。警告钟——倘遇水火灾变，则连击不规则钟数十百声，以为全城警告。[①]可见，馆内还专门安置了大钟，承担为全城报时报警的职责。

1925年3月，山西省教育图书博物馆改为山西公立图书馆，附设博物部。据1930年的统计，全馆面积二十七亩，有藏书室30间，阅书室11间，博物陈列室39间。[②]阅览书报者，平均每天约100人；参观博物部者，平均每天约150人。[③]

1932年3月，山西公立图书馆并入山西省立第一、第二通俗图书馆。据1933年的统计，图书馆藏书种类有8116种，包括教育类、自然科学类、实用科学类、艺术类等。其中，中文书最多，日文书次之，西文书最少。附设博物部的博物种类有历史博物类、各地土产类、儿童玩具类、植物标本类、矿物标本类、动物标本类、生理模型类、教育成绩类、活动

---

① 山西省图书馆编：《山西省图书馆史料汇编》，山西人民出版社2003年版，第39—40页。
② 申国昌：《守本与开新：阎锡山与山西教育》，山东教育出版社2008年版，第355页。
③ 申国昌：《以教促政：民国时期山西社会教育模式研究》，载《近代史学刊》2009年第6辑。

民国时期的太原文庙（图片来源：《礼拜六》1915年第39期。）

物兽类、活动物禽类，人种、天文、地质等类挂图。[①]

太原文庙改为山西省教育图书博物馆、教育图书博物馆改为公立图书馆时期，均是集图书馆、博物馆为一体的图书博物馆，除注重通过展览、阅览等形式发挥社会教育的作用外，还经常举办讲座以推行社会教育。一生以通俗讲演为己任，以移风易俗为目标的山东省通俗讲演所巡行讲演员朱全璨曾在此演讲，当时的讲演情形如下：

太原文庙图书馆讲演（1924年9月28日）

九月二十八日下午五钟，在太原文庙图书馆内。

首，作雅乐；次，馆长报告开会宗旨；三，山西省议会崔议长演说；四，余说去贪立功、正名生利等等之比较，引大禹治水立功，孔圣著书正名，关圣辞曹却利，皆以不贪，只知正谊，引古证今，众咸鼓掌；五，梁硕光君演说；六，作乐；七，闭会；八，摄影。

是日，为众所约，故有此说。观临场者有五百人之列坐，纯系文明高尚者流。讲者言方出口，听者即了然于心，故说者兴会，听者亦欢然。由此会观之，足征晋省文明教化之盛。而一日之间，邀约讲演连开三会，诸伟人为社会热心，已达极点矣。[②]

朱全璨在山西省教育图书博物馆演讲时，博引古今，为在场五百余人讲演了去贪立功、正名生利的重要性。太原文庙借助讲演等形式，发挥了社会教育的功能，提升了民众素质。

① （国民政府）教育部：《教育部督学视察山西省教育报告》，（国民政府）教育部1933年版，第125—126页。
② 李日、朱良迅、郭春香主编：《朱全璨社会教育讲演集》，人民出版社2014年版，第113页。

山西省立民众教育馆时期（1933—1936）

20世纪20年代以来，民众教育运动在政府和社会各界致力于改造近代中国乡村"日趋崩溃"的背景下应运而生。民众教育馆因是实施民众教育运动的主阵地，担负着推行国家政策、促进民众文化水平提高、倡导社会风气以及提升农村经济力、改善民众生活等重要职责，国民政府予以大力支持和推动。

早在1927年南京国民政府成立前，近代中国就有类似民众教育馆组织的存在。1915年8月，江苏省在南京创办第一个通俗教育馆，以"开通民智，改良风俗"为宗旨。江苏省各县通俗教育馆"是拿各县文庙为馆址，经费每县一律，经常费大约每月五十元，一概在内，也没有增加，所以有兴趣的，办到没兴趣，没兴趣的，就拿他当养老堂"①。通俗教育馆举办不尽人意，但为其后民众教育馆繁盛发展打下了基础。同时，江苏省通俗教育馆以文庙为馆址，也为其他省以省县文庙作为民众教育馆提供了借鉴。南京国民政府成立后，于1927—1935年期间，颁发了多条社会教育法规，其中

① 周慧梅：《民国时期民众教育馆变迁的制度分析》，载《教育学报》2008年第2期。

1932年2月专门颁布了《民众教育馆暂行规程》，规定各省市及县市应分别设立民众教育馆，作为实施社会教育的中心机关，举办关于健康、文字、公民、生计、家事、社交、休闲各种教育事业。

根据中央法令精神，1933年10月，山西省教育图书博物馆易名为山西省立民众教育馆，颁布《山西省立民众教育馆规章》，利用其原有的图书物品，筹备开办了山西省立民众教育馆，下设阅览及陈列部、讲演及游艺部、健康及生计部、教学及出版部，并由省政府委任王庚身、柯璜分别担任馆长、副馆长。[①]山西省立民众教育馆成立后，太原文庙内各殿宇与山西省教育图书博物馆期间一样，依旧改作他用，供奉孔子的大成殿改作"古代礼物乐器陈列室"，威严肃穆的大成门改成"礼堂讲演厅"，其他殿宇或为阅览室，或为书库，或为其他活动室和陈列室。[②]1933年，山西省立民众教育馆在中山公园东面开辟篮球、网球、国术等场地，开办通俗图书馆。夏令设立了民众茶社，在茶社内备有十几种报纸杂志和许多通俗书籍，供喝茶的人随手翻阅，茶社内每天下午3点至5点说书，6点至7点讲演，办得非常活泼。[③]1934年，根据事实需求，山西省立民众教育馆遵照省政府另外颁行的《修正本馆组织规程》改组，设总务、教导、生计3部，分为事务、出版、教学、阅览、陈列、健康、游艺、职业、经济9股，先后设立民众学校、职业补习学校、民众体育场、民众电影院、儿童游戏园、民众茶社、民众乐园等。此后，山西省立民众教育馆制定了《山西省立民众教育馆各部办事细则》《山西省立民众教育馆馆务会议规则》《山西省立民众教育馆职员服务规约》等相关细则，详细规定民众教育馆各股在社会教育中的具体职责、馆务会议的召开程序以及各类职员的责任与义

① 山西省图书馆编：《山西省图书馆史料汇编》，山西人民出版社2003年版，第192页。
② 继祖、红菊：《古城衢陌——太原街巷掉阖》，山西人民出版社2009年版，第29页。
③ 太原市政协文史资料研究委员会编：《太原文史资料·第五辑》1985年版，第155页。

山西省立民众教育馆馆门
（图片来源：山西博物院）

山西省立民众教育馆开幕典礼留念
（图片来源：山西博物院）

山西省立民众教育馆举办"六三"禁烟纪念大会职员暨拒毒讲演员合影
（图片来源：《"六三"禁烟纪念大会职员暨拒毒讲员摄影》，载《山西省立民众教育馆月刊》1935年第2卷第4期。）

务。[①]由此可见，太原文庙由山西省教育图书博物馆改为山西省立民众教育馆时，与前时期功能大体相似，依旧是省城开展社会教育的中心和文化基地，成为省城民众增进智识、休闲娱乐的场所。

总体来看，山西省立民众教育馆首先为民众提供了阅读书报的场所。山西省立民众教育馆利用山西省教育图书博物馆时期的藏书、阅览室等，主要设有书报阅览室、通俗图书阅览所等。书报阅览室是山西省立民众教育馆为"增进民众

① 参见《山西省立民众教育馆月刊》1934年第1卷第1期。

普通知识，提供阅读方便"而设立的图书阅览机构，制定了《阅览书报规约》和《订阅书报规约》。1934年，书报阅览室共拥有各种书刊10896种，共计53456册，每月阅览人数约为13830人。[1] 据统计，从1933年10月开业到1934年3月，书报阅览室共接待各界读者情况如下：

1933年10月—1934年3月

山西省立民众教育馆接待读者一览表

读者职业	人数（人）	比例（%）
学界	3977	39.1
政界	1723	16.9
工业界	1441	14.2
商人	798	7.8
军人	641	6.4
其他（包括农民在内）	1589	15.6

（资料来源：山西省图书馆编《山西省图书馆史料汇编》，山西人民出版社2003年版，第107页。）

从上表看，山西省立民众教育馆作为民众教育运动的主阵地，致力于改变全社会民众，尤其是广大乡村民众的生活、教育状况，但实际上因其处于城市，农民知识水平和时间有限，存在难以惠及广大农村民众及其教育的问题。

山西省立民众教育馆在发挥图书施教功能的同时，还注重通过展览、娱乐和健身等多种形式实施民众教育。山西省立民众教育馆各个阅览室的功能不同，如古物陈列室有助于民众了解中国历代社会状况与生产力发展演变情况，土产陈列室鼓励山西民众使用土货，生理模型陈列室有助于培养民

① 申国昌：《守本与开新：阎锡山与山西教育》，山东教育出版社2008年版，第384页。

山西省立民众教育馆成立说书社合影

（图片来源：《本馆说书社成立大会纪念会》，载《山西民众教育》第3卷第3期。）

众的良好卫生习惯等。此外，山西省立民众教育馆设有众多娱乐场所，如民众业余俱乐部，为民众业余时间提供正当娱乐，配有乒乓球、围棋、象棋、军棋、门兽棋、风琴、月琴、四弦、二股子、横笛、笙箫、二胡等娱乐器材；收音室、电影院等，则通过新闻、音乐、戏剧、影像等形式，指导民众正当娱乐，并借助新形式传播一定新知识。

1935年2月，山西省立民众教育馆成立民众教育研究会，通过民众教育研究，推动民众教育实践。[1]此外，山西省立民众教育馆还成立旨在推广识字教育和增进民众生活技能的实验民众学校、商业补习班、健身团、各种大会、讲演、说书社、农村建设办事处等，注重走出场馆实施民众教育。1935年4月，山西省立民众教育馆、山西省教育会、山西新生活运动促进会、山西省各业工人联合会、《太原日报》等联合发起成立太原识字运动推行委员会，省立民教馆馆长王庚身兼任主席，开展的活动主要有：调查山西文盲确切数目，以便采取相应的对策；通过讲演、标语、漫画、游艺等形式，进行

[1]《本馆民众教育研究会之成立及其进行计划》，载《山西省立民众教育馆月刊》1935年第2卷第2期。

识字运动宣传；开展识字宣传周大型系列活动，旨在唤起民众积极参与识字运动的热情。[1]1935年12月，山西省立民众教育馆在晋祠设立晋祠农村建设区办事处，以周围十七村为建设区，以晋祠、纸房、塔院、长巷为中心实验区，活动内容甚广，主要举办动植物标本及农作物展览、教师培训、学生考试竞赛、体育运动会等。[2]山西省立民众教育馆于1936年联合中华拒毒会山西分会、查禁毒品委员会等多个机关，举办了"六三"禁烟纪念节大会。此次禁烟大会事先筹划周密，省主席阎锡山亲题"拒毒救国"，社会各界踊跃参加，取得了良好效果。

总之，在山西省立民众教育馆时期，太原文庙改变了以往作为官学和祭祀孔子为主要功能、将知识局限于少数智识阶层的状况，成为推动民众教育、实施社会教育的中心和场所。

① 中国昌：《守本与开新：阎锡山与山西教育》，山东教育出版社2008年版，第390页。
② 太原市南郊区志编纂委员会编：《太原市南郊区志》，生活·读书·新知三联书店1994年版，第503页。

伪山西省立新民教育馆时期（1937—1945）

1937年，日军侵占太原。太原沦陷之后，伪山西省公署于1940年12月5日正式将山西省立民众教育馆更名为"山西省立新民教育馆"，馆址依旧设在太原文庙，首任馆长是伪山西省教育厅秘书张范。伪山西省立新民教育馆成立之初便打着"实施民众教育，供给民众阅览图书、博物、美术品，并辅导各县民众教育事业进行"①的旗号，实际致力于开展奴化宣传和教育活动。馆内设总务部掌管庶务、文书、会计，及不属于其他各部事项；阅览部掌理书报、杂志、图书、模型、科学、博物、美术、工艺品、文化品之搜集、保存、阅览，暨巡回文库与各种展览会之举办事项；教导部掌管举办各种讲演会、讲习会、音乐会、座谈会，暨映放电影、识字运动、游艺、体育、参观、见学等事项。阅览部及教导部主任均由日本人担任。伪山西省立新民教育馆设有三个古物陈列室、一个民艺室、两个矿石化石岩石陈列室、一个动植物标本与卫生标本陈列室、一个图书阅览室、三个书库，附设一个通俗书报社及讲演所、一所日语学校、一个识字班、一

① 山西省图书馆编：《山西省图书馆史料汇编》，山西人民出版社2003年版，第168页。

个大礼堂、一个植物园、两个游艺园、一个游艺室、一个体育场、四十间图像悬挂廊、十六间仓库。[1]伪山西省立新民教育馆先后颁发一系列规程，如《山西省立新民教育馆组织规程》《山西省立新民教育馆办事细则》等。伪山西省立新民教育馆成立后，主要推动民众和学生阅读奴化教育书籍，阅览各种文物，学习日语等。如为了配合日本侵略军的所谓"治安强化运动"，伪山西省立新民教育馆于1941年举办"第三次治安强化运动展览会"，主要展览宣传"治安强化运动"的征文、漫画、写真作品，以对民众进行反共宣传，举办山西省情展览活动，主要向民众及日本人宣传山西地理、历史概况，通过模型展现山西的山川、河流，通过图画展示历史场景，以宣传历史上山西民风淳朴、民众吃苦耐劳，以此教育民众面对日伪的奴化统治，不要反抗，要做顺民。此外，伪山西省立新民教育馆为了愚弄民众，从1941年开始，每月放映一次或两次电影，电影内容多是宣传日本的科技进步、社会文明，丑化国军和八路军等。[2]可以说，此时太原文庙因日军侵占太原，沦为日军推行奴化教育的场所。

① 申国昌：《抗战时期区域教育研究：以山西为个案》，社会科学文献出版社2014年版，第352页。
② 山西省图书馆编：《山西省图书馆史料汇编》，山西人民出版社2003年版，第180页。

山西省民众教育馆时期（1945—1949）

1945年抗战胜利后，伪山西省立新民教育馆恢复为山西省民众教育馆，不再推行奴化教育，再次成为实施民众教育的场所。自民国时期起，太原文庙因时代变迁改作他用，仲畲曾题诗感慨道：

丙戌孔子诞辰行经省文庙作

东城闲览眺，数仞仰宫墙，时运逢多难，圣人亦莫逃；
秋官诛少正，夹谷反洨阳，季氏何为者，亏成使我伤。[1]

1946年，仲畲途经太原文庙，发出"时运逢多难，圣人亦莫逃"的感叹。经过时代变化，太原文庙的宫墙、大成殿等建筑物虽仍然存在，但孔子的儒家学说却在西方新式教育的到来和民主科学的提倡下日渐遭受冲击。昔日学子祭祀孔子和学习儒家学说的太原文庙成为新式教育和传播新式文化的阵地之一，肩负起提升民众素质的责任。1949年新中国成立后，太原文庙成为山西省图书博物馆。

[1] 仲畲：《丙戌孔子诞辰行经省文庙作》，载《山西大学校刊》1946年第10期。

1949年太原解放后，山西省民众教育馆由太原市军管会文教接管组接管，共接收各类图书17万余册，历史文物9810件，各种标本1000余件。1949年6月，太原文庙更名为"山西省图书博物馆"，下设博物馆部。1951年，按照"以改造原有博物馆为主"的方针，山西省图书博物馆对原有陈列内容和藏品进行了改造和整顿，加强宣传教育功能，健全各项规章制度，使博物馆重新焕发了生机和活力。1953年，太原文庙与太原市文物馆合并，正式改名为山西省博物馆。此后，太原文庙与纯阳宫分别作为山西省博物馆的一部、二部向大众开放。1956年，山西省博物馆秉承"为科学研究服务，为广大人民服务"的宗旨，按照地志博物馆模式陆续完成包括自然、历史和社会主义建设内容的基本陈列，并对公众开放，先后举办了"社会主义建设第一个五年计划成就展""社会主义建设十年成就展""农业学大寨展览"等60余个展览，通过展览充分发挥博物馆的宣传教育作用。①

1957年6月，山西省博物馆将50万册图书移交山西省图

① 张元成：《百年晋博，薪火相继——山西博物院百年发展历程》，载"山西博物院"微信公众号，2019年5月24日。

20世纪50年代，山西省图书博物馆博物部大门入口（图片来源：山西博物院）

书馆。与此同时，山西省博物馆藏品征集活动也大规模地展开，通过接受政府移交、社会捐赠、收购各类文物等途径，极大地丰富了博物馆藏品种类。此时，山西省博物馆工作向专业化迈进，功能定位为收藏、展览、研究、教育。[①]

1978年，党的十一届三中全会召开，山西省博物馆蓬勃发展，在陈展方式、藏品征集、修复保护、科学研究和社会教育等方面不断取得进步，其所在的太原文庙也逐步得到重建。20世纪80年代初，山西省博物馆所在的太原文庙馆区，在恢复重建的基础上，开始以山西地方历史发展脉络为主线，推出"山西古代史陈列"和"山西革命史陈列"，两大基本陈列阵地成为晋博展陈的一大特色和亮点。山西省博物馆所在的太原文庙馆区主要展厅是大成殿及其东西两庑，展出内容是山西通史，分古代和近代两大部分，整个展览反映了山西政治、经济、文化、军事等方面在中国历史上的重要地位，突出了山西人文荟萃、古建冠绝、戏剧渊薮等特色。二

① 南丽江：《从1919到2019：山西博物院迎来百岁生日》，载《山西晚报》2019年9月5日。

进院主要展览内容有"山西近代史""山西革命史"。三进院展览"山西古代史""出土文物精品""馆藏文物精品"等，以实物为主，具有鲜明的地方特色。馆内收藏历史文物、革命文物和自然标本10万件，经常陈列的文物有2000件，主要有商代龙纹觥、侯马东周盟书、战国错金豆、汉代错金豆、汉代胡傅温酒樽、新莽漯仓平斛、北宋开宝藏、宋代抗金文献、春秋时吴王称王前所用的铜戈、北魏木板漆画、元代王渊《桃竹锦鸡图》以及明代名将戚继光手书《致李小山归蓬莱》诗轴等历史文物。此外，还有山西人民声援"五四""五卅"运动的宣言和传单、红军东征时的风琴、民兵自制的榆木炮，以及太原战役中的锦旗等近现代文物，其中以石楼县出土的殷代铜觥最为名贵。①作为山西省的一个文物保管点，在太原文庙的院落中有大量的碑刻和小件文物。除基本陈列外，山西省博物馆不定期举办各种临时展览、巡回展览、引进展、交流展、联合办展和配合中心任务的大型展览等。此阶段，太原文庙因山西省博物馆举办的各种展览、陈列等，向大众开放，很好地发挥了其社会教育职能。

① 程裕祯等编著：《中国名胜古迹辞典》，中国旅游出版社2001年版，第73页。

修复和步入正轨时期
（2003年至今）

　　随着时代的不断发展和进步，太原文庙的庙苑古建筑格局已无法适应现代博物馆的功能需求，山西省博物馆亟待拓展新的空间。1992年，山西省政府决定筹建一座现代化新馆。山西省博物馆的新馆建设于1997年批准立项，2001年奠基，2004年竣工，定名为山西博物院。与此同时，太原文庙的修复和保护引起了省、市有关部门的重视，山西省文物局等部门先后投资100多万元进行修复。2003年10月10日，山西省博物馆迁往汾河以西，改称山西博物院，在山西省原博物馆所在的旧址——太原文庙内成立山西省民俗博物馆。山西省民俗博物馆作为馆庙一体的博物馆，主要围绕山西民俗文化、孔子及儒学文化两个业务主题，形成山西民俗文化与儒家学说并重的两条陈列主线。

　　一方面，山西省民俗博物馆延续山西省博物馆此前的发展思路，继续依托太原文庙的大成殿、东西两庑等展厅，展览山西政治、经济、文化、军事等方面的古、近代史，凸显山西的地方特色和区域历史，致力于帮助民众了解山西的人文历史。

另一方面，山西省民俗博物馆以太原文庙的建筑、所承载的儒家学说为载体，注重挖掘太原文庙的文化旅游资源，打造文庙品牌，[1]传承孔子思想和儒家学说，发挥其历史教育价值、艺术价值等。[2]目前，山西省民俗博物馆内的以孔子和儒学文化为主题的陈列宣传体系已基本形成。2003年以后，山西省民俗博物馆与山西省孔子研究会、儒学研究会等合作，常年举行祭孔庆典和文化集会活动。太原文庙于2005年9月28日恢复大型祭孔活动。当天，大成殿《千秋孔子》陈列正式对外展出。展厅入口前方中央高台上，竖立着香港实业家汤恩佳先生捐献的巨型青铜孔子铸像一尊，其后是反映儒学先贤故事的弧形浮雕墙，台前是嵌入地下的孔子游列国沙盘，三组艺术品构成序厅，成为最引人注目的陈列景观。展馆内陈列了战国青铜列鼎、编钟、玉琮、玉璧和唐代"三乐"铜镜等重要文物十余件（组）。[3]同时，山西省民俗博物馆与省内外大专院校和科研院所合作，开设国学大讲堂，定期举办与儒学和精神文明建设相关的专题讲座和研讨活动。此外，山西省民俗博物馆还与社会友好人士合作，长期免费开办少儿诵经班、国学幼稚班等。通过这些活动，山西省民俗博物馆逐渐成为广大民众和学者尊孔、祭孔、学孔的活动平台和研读基地。

山西省民俗博物馆全年展览频繁，如2004年一年便举办各类文物、书画、图片、模型等展览21个，特别是"傅山书法精品展暨日本著名书法家作品展""秦晋国画联展""李克仁草书展"等在太原引起极大关注和受到广泛好评。山西省民俗博物馆通过各种展览的形式，积极地发挥其社会教育职能。

① 马煜娟：《浅谈山西省民俗博物馆陈列设计与精神信仰》，载《文物世界》2014年第6期。
② 王艳忠：《浅析文庙在现代社会中的定位——以太原文庙为例》，载《文物世界》2016年第2期。
③ 太原市文物局编著：《太原最有文化的三十三处美景》，山西经济出版社2014年版，第213页。

2006年，在温家宝总理签署公布的第六批全国重点文物保护单位中，山西省脱颖而出，被誉为"文物大省"。以此为契机，太原文庙保护进一步步入正轨，大多数殿宇、文物得到了妥善保护，许多从山西省各地收集的文物整齐地放置于太原文庙场院之中。2013年3月5日，国务院公布第七批全国重点文物保护单位，太原文庙位列其中。2015年6月23日，《国家文物局关于太原文庙保护规划的意见》就山西省文物局《关于审批太原文庙文物保护规划的请示》（晋文物〔2015〕75号）做出研究意见，具体如下：

一、关于文物认定和评估

（一）进一步梳理文物构成，正确界定历史环境要素和文物本体，拟搬迁的民居不应作为保护对象。加强文庙历史研究及相关民俗文物的属性研究，梳理文庙与崇善寺、山西大学堂旧址等其他文化资源的历史关系。

（二）完善价值评估，突出文物的核心价值。

（三）加强文物本体现状评估，补充主要病害类型及成因分析内容。

（四）进一步明确文物周边建筑环境的评估依据及结论。[①]

太原文庙在此意见的指导下，落实研究意见的精神，不断进行文物保护，修复被毁文物，发挥文庙的核心价值。不仅如此，太原文庙在传承儒家思想，挖掘其历史教育价值、艺术价值等的同时，其文化旅游价值也被重视并得以开发。太原文庙于2009年9月9日被太原市人民政府确定为太原市五大历史风貌区之一"文庙—文瀛湖历史文化风貌区"的重要

---

① 《国家文物局关于太原文庙保护规划的意见》，办保函〔2015〕928号。

组成部分。"文庙—文瀛湖历史文化风貌区"形成于明朝，崇善寺、纯阳宫、皇庙均始建或扩建于这个时期，是太原府城的祭祀中心，并融合了明、清、民国时期的商业建筑和民居建筑。风貌区内保存有明清太原府重要礼制建筑——皇庙、太原文庙，宗教建筑——崇善寺、万寿宫基督堂，山西最早的近代教育建筑——山西大学堂，近现代革命活动历史遗存——中共太原支部旧址、孙中山演讲旧址等历史人文景观，是广大群众参观、休闲的重要文化旅游景区。

2020年4月10日，山西省考古研究院在太原文庙大成殿广场挂牌成立。自此，山西省考古研究院、山西省考古研究所、山西省民俗博物馆与太原文庙融为一体，太原文庙隶属于山西省考古研究院，这标志着太原文庙的发展进入另一个新时期，其功能将进一步拓展和延伸。

山西省考古研究院着眼于山西省考古资源特色，凭借山

全国重点文物保护单位——太原文庙

西地下文物资源优势，设古人类研究所、华夏文明研究所、晋文化研究所、民族融合研究所四个核心学术研究部门，从考古学学科发展和强调出土文物学术意义的角度，深度阐述和展示山西的文化遗存，向社会公众科学传播考古学知识，讲好中华五千年文明发展进程中的山西故事，弘扬黄河文化孕育下的历史文脉精神，展现出土文物背后所反映的古代社会政治、经济、文化、科技、艺术等内涵。[1]

太原文庙除继续发挥向民众弘扬国学和实施社会教育的职能外，还将依托山西省丰富的出土文物资源和已有的考古学科研团队和研究成果，创建具有考古学特色的考古博物馆。

[1] 付明丽：《山西省考古研究院挂牌成立》，载《人民日报》2020年4月16日。

太原文庙的选址、布局及生态

太原文庙的选址

太原文庙的布局

太原文庙的生态

文庙作为古代城市的重要建筑之一，是区分城市等级和城市与村镇的重要标志，体现了该时期建筑技术与艺术的成就。文庙建筑的地址，大多选择在城市之中，分布于都城、府、州、县之中。太原文庙的选址遵循了文庙选址的一般规律和做法，呈前庙后学布局方式。

太原文庙的选址

古人认为，文庙与文运有关，关系一方的文风兴衰，有了好的文风，当地才能人才辈出。修建文庙，不仅在尊孔，也是在祈求一方文运昌盛。因此，太原文庙的选址不仅仅停留于满足其祭祀、教育、生活功能，在祈求文运昌盛的心理诉求下，其定址还会考虑中国传统的建筑规制、风水理论等。

据明万历《太原府志》、清乾隆《太原府志》以及《山西通志》等记载，太原文庙的选址共有多处。

太原文庙选址信息

时间	方位
宋初—宋太平兴国三年（978年）	府治东
宋太平兴国四年（979年）—金天会八年（1130年）	城东南
金天会九年（1131年）—清光绪七年（1881年）	城西
清光绪八年（1882年）至今	城东南

以此来看，太原文庙选址以城东南、城西为主，这与太原文庙选址遵循古代的建筑规制有关。一般来说，我国古代强调居中的建筑布局，城市中心多是地方最高行政长官所在衙署。中国古代建筑观念强调"处其所存，礼之序也"①，"宫室，礼之具也"，风水理论中便有论门庭、比屋及造屋次第等理论，将社会居住秩序、礼制伦理观念同建筑实践具体结合起来，形成了传统的文庙礼制伦常色彩和建筑规范。太原文庙在选址时，遵循了古代建筑观念和建筑规制，或选址于太原城东南隅崇善寺，或城西水西关，并不会建在太原市中心。不仅如此，太原文庙在金、明、清年间选址在城西，此处靠近汾河，既满足太原文庙生活用水的需求，也有助于防火安全，更是对古代"泮宫之制"的追溯和因循。②

文庙的兴建，其选址除新址新建外，还会考虑城市其他旧有建筑或拆其材用之。太原文庙于光绪八年（1882年）重建后的选址考虑选取城市中正在使用或废弃的佛寺、道观、驿站、官舍、城隍庙、仓库等多种建筑类型。文庙所选取的城市旧有或废弃建筑的共同特点是原有建筑较为恢宏，基址较为广大，符合文庙祭祀、教育、生活等多重功能开展的条件，且以寺观为最。③在太原文庙被汾水冲毁后，张之洞之所以为太原文庙选定崇善寺被毁处作为重建地址，原因在于它是明代第一个皇帝朱元璋"准建"的大寺，兼有明代山西实际统治者——晋王朱棡祖庙的性质，宽敞宏丽，占地面积大。太原文庙最大限度地利用了崇善寺已有建筑，节约了建筑成本。

此外，张之洞将太原文庙选址于崇善寺，还充分考虑了风水理论等。我们的先祖很早就把选址定居作为安居乐业的大事。选址定居的经验日积月累，及至后来日臻成熟，便形

①《礼记·礼运》。
② 武延海、黄鹤主编：《城市与区域规划研究》，商务印书馆2014年版，第174页。
③ 左靖主编：《文庙：儒家的先贤祠》，金城出版社2014年版，第3页。

成了一门选址的学问，称为相地术，又称堪舆术，民间称之为"风水"。因此，风水理论源于早期的选址定居之需，历史悠久，在民间流传甚广，是左右时人衣食住行的一个非常重要的因素。风水理论主要指古人在建筑选址时，对气候、地质、地貌、生态、景观等自然环境因素，以及建筑营造中的某些技术和种种禁忌的综合考量。文庙作为历史上官方礼制性建筑和中国传统文化的缩影，作为古代城市重要的构成要素和地方礼教的象征，其所在地一定程度上关系着地方文运的兴衰。所以，文庙的选址与风水有着千丝万缕的联系，也定然会受到风水理论的影响。我国疆域辽阔，地形复杂，各地的城市形成有着悠久的历史地理因素，各地城市的布局和形制不尽相同，因风水理论的深入影响，各地在文庙选址上有着相似的地方。地方文庙一般选址于城市的东方或者东南方不是偶然现象，与八卦理论影响有关。①

太原文庙选址崇善寺而最终定址于太原市东南隅，这一方位特色有着深厚的堪舆学依据，也不是偶然之举。《易经·说卦传》指出"帝出乎震（东），齐乎巽（东南），相见乎离（南），致役乎坤（西南），说言乎兑（西），战乎乾（西北），劳乎坎（北），成言乎艮（东北）"②，意思是天帝（北极星）从震方出来，到了巽方万物就变得鲜洁整齐，故震方有万物生发、朝气蓬勃的特点，巽方有清洁干净、周备整齐的特点。一地的昌盛兴隆主要在于人才的兴旺，而人才都出自学宫，再者，儒家提倡礼乐治国，分等级，明尊卑，衣着举止都要整齐得体。因此，在这两个寓意吉利的方位构筑文庙正好符合人们祈求文运昌隆、人才兴盛的愿望。不仅如此，城市的东南巽位在唐代就被赋予了丰富的内涵，认为东南方是吉利构筑之地，充满了文德意象，风行水动，阴阳

① 沈旸：《东方儒光：中国古代城市孔庙研究》，东南大学出版社2015年版，第183—185页。
②《易经·说卦传》。

际会，是朝气蓬勃的位置。宋代之后，风水之说更是大行其道，"凡泮宫多居治廨之东南，其取文明之方乎"①，更加确定了文庙作为一方文运、科举兴盛的重要所在，选址于城市东南方已成为定势。此外，古人认为东南乃日出之地，是城中日照时间最长之方位，寓意朝气和昌盛，文风兴盛，宜建文化建筑。不仅如此，晋王朱㭎在"萃僧修斋礼忏"，为其母高皇后超度亡灵时，听说此处原是白马寺的遗址，且有石幢存焉，是一块难得的净土。这更加强化了太原文庙重修后选址在崇善寺旧址，不仅因其在城市东南隅，还因其为难得的"风水宝地"。

与此同时，太原文庙选址于城市东南，也与中国传统方位布局观念有关。

春秋时期，各国纷争不已，攻伐无度，因此后人将这一纷乱时期称之为春秋，给"春秋"赋予了杂乱的意思。显然，"春秋"一词和"文武"是相称的，因此"春秋笔法"也可理解为"文武笔法"，都是相克的词，相克则乱，意思相同，因此孔子所著的《春秋》也可理解为"文武"，都是乱的意思。司马迁在《史记·孔子世家》中论道："夫春秋，上明三王之道，下辨人事之纪，别嫌疑，明是非，定犹豫，善善恶恶，贤贤贱不肖，存亡国，继绝世，补敝起废，王道之大者也"②。因此能够分辨春秋的人便是能够明白道理的人，也是能够分辨"文武"的人，朝班列座必须文武分明，以显皇帝深明"春秋大义"。中央朝班如此，地方行政机构所在的衙署也基本相似，文武分列左右，文武相斗，而县太爷只管端坐于中，"明镜高悬"，中正调和，无为而治。不仅如此，高堂的堂柱上也有相同的装饰，左堂柱上绘有青龙，右堂柱上绘有白虎。城市布局亦有文左武右的讲究，一般情况下，文庙

① 沈旸：《东方儒光：中国古代城市孔庙研究》，东南大学出版社2015年版，第184页。
② 《史记·孔子世家》。

在古城府衙的东侧或东南方向。太原文庙选址于城市东南隅符合了文左武右的布局观念。

此外，城市地形、文庙周边环境、行政区划等级变动等，均会影响文庙的选址。清光绪七年（1881年）太原文庙迁址之前，设在县前街，此处靠近饮马河，取水便利，有水则灵，借城中河湖的活水可以与庙中泮池沟通。不利之处在于此处地势低洼，"严冬则地冻而高起，春暖地消墙砌随之移动，更加街路高于庙址，夏秋雨潦，内水不出，外水反入，所以时修时毁，终不能固"①，这对于文庙的学习、祭祀等造成了不利影响，同时增加了修葺的经费。可见，原太原文庙因地势低洼，且靠近汾河，夏秋雨季水深没膝，经常面临被淹的危险。此外，汾河经常发大水，太原文庙因遭受汾水泛滥之害而毁，故张之洞再次为太原文庙选址时避开了旧址，有效避免了汾水再次泛滥而文庙被毁的厄运。

不仅如此，文庙选址还会避开市场或民居密集区，主要目的在于保持文庙的肃静气氛，保障教育教学的顺利进行。明清时期，崇善寺区域主要用来举行和开展祭祀、宗教和庆典活动，避开了市场和民居，安静的氛围有利于学子免于干扰而集中注意力学习。

总之，文庙作为国家的礼制性建筑，集祭祀和教育功能为一体，成为天下文人学者和普通民众守望的精神驿站和文化家园，是一个国家和一个地方的学术文化传承的载体。所以，无论是朝廷或地方政府拨款营建文庙，还是地方士绅斥资营建文庙，均极为重视选址。文庙的选址必然要经过仔细考量，一般由官绅、士人和匠师共同推敲商定。儒家学说倡导文治教化，注重教育和科举取士，而时人认为文庙的择址，势必会影响到本地人才的培养，是关系到一方的文风是

① [清] 李培谦、华典修，阎士骧、郑起昌纂：道光《阳曲县志》卷3《建置图》。

否兴盛的大事，所以非常注重考量文庙的周边环境。文庙择址被看作"兴地脉""焕人文"的重要因素之一，人们相信"地灵"与"人杰"是相辅相成的。因此，文庙择址会考虑择风水和谐之吉地，借城中河湖之活水，寄山体笔架之神运，占仁山智水之胜境。太原文庙在被汾水冲毁后选址崇善寺，不仅出于利用已有建筑的便利，更符合中国传统城市布局观念、建筑规制和风水理论。古人认为，东南方向文风兴盛，宜建文化建筑，因此太原文庙定址太原市东南隅，以振兴太原文风和文脉。选址此处也避开了汾水泛滥之害，以防文庙再次被毁，静穆的氛围有利于学子集中精神攻读诗书。此多方考虑使得太原文庙不断兴旺发展。

太原文庙的布局

自唐代以来，各地文庙的布局形制基本定型，且在严格的礼制约束下，文庙的布局形制也有统一的标准。文庙庙前设照壁、棂星门和东西牌坊形成广场，棂星门前或门内设半圆形水池。依古制，天子之学四周必环以圆形流水，称辟雍；诸侯之学必有半圆形流水，称泮池。泮池之后是文庙的第二道大门，称大成门或戟门，因宋以后孔庙门列棨戟，故有此称。大成门内为大成殿和两庑。"大成"二字取自《孟子》中的"孔子之谓集大成"①。大成殿外设宽阔的平台，称为祭台或拜台，供祭祀时乐舞及行礼使用。大成殿内正中供孔子坐像，像两旁是"四配"和"十二哲"的立像。四配是颜回（子渊）、曾参（子舆）、孔伋（子思）和孟子，这是孔子的四大贤弟子。特别是孟子，继承和发展了孔子的思想，被尊为"亚圣"。十二哲是闵损（子骞）、冉耕（伯牛）、冉雍（仲弓）、宰予（子我）、端木赐（子贡）、冉求（子有）、仲由（子路）、言偃（子游）、卜商（子夏）、颛孙师（子张）、有若（子若）和朱熹（元晦）。四配十二哲的供奉

①《孟子·万章下》。

与陪侍，显示出孔子之学后继有人。[1]东西两庑供孔子弟子或历代贤儒的神主，由于孔子弟子较多，所以两庑设置较长，形成了不同于四合院的廊庑布置形式。大成殿后建崇圣祠，用于祭祀孔子五世先祖。此外，文庙中还有明伦堂、尊经阁、敬一亭，分别用于学官讲学、弘道和生员读书、集会、藏书。两侧为乡贤祠、名宦祠和师生的教学用房。

限于史料，宋代太原文庙是否按照文庙规制的统一标准布局不得而知。根据掌握的资料，明代至光绪七年（1881年）太原文庙的布局以及清光绪八年（1882年）太原文庙迁址后的布局，是按照文庙规制的统一标准进行布局的。但是，按照建筑规制的要求，太原文庙作为地方性文庙，其建筑必定要服从中央的安排，不得僭越，所有建筑格局都不能超过曲阜文庙的建筑式样，其礼制必须低于曲阜文庙。[2]曲阜文庙作为孔子家庙，享有孔庙礼制的最高规格。

太原文庙的建筑格局仿曲阜文庙，形成了错落有致的建筑群落。其中，大成殿面阔七间，进深六椽，单檐歇山顶，屋面蓝琉璃瓦剪边，正中有三个黄琉璃方心，脊和吻兽为黄琉璃。殿基为"凸"字形，前置石雕栏板，使大成殿更加舒朗壮观。太原文庙以中轴线层层推进，由南向北依次建有牌坊、照壁、棂星门、大成门、大成殿和崇圣祠。院落宽阔，古木参天。

太原文庙的第一进院落以棂星门为核心。棂星门峙立北部中央，一对井亭和"义路""礼门"两座门楼分列左右。棂星门为六柱三间牌坊式门楼，琉璃团龙照壁。照壁嵌入南墙，石质束腰基座，砖砌壁身，硬山顶。井亭为小平顶六角形，俗称"六角亭"，创建于明洪武十四年（1381年），系

① 太原市政协文史资料委员会编：《太原文史资料·总第十九辑·太原名胜古迹集萃》，太原市政协文史资料委员会1993年版，第87页。
② 李彦、张映莹：《山西现存文庙简述》，载《文物世界》2007年第4期。

崇善寺的旧有建筑物。棂星门是文庙正大门，建于石阶高台上，为四壁夹三门坊式砖木结构。中门较两侧门高大宽阔，三门结构相同，均为冲天双柱式歇山琉璃瓦顶，设栅栏门。冲天柱前后有石鼓夹抱，戗柱斜撑，柱顶有琉璃筒帽。与三门相间有四组琉璃照壁，每壁正中浮雕盘龙，上有琉璃顶，下设须弥座。正中门檐下蓝底金字匾额楷书"棂星门"。[①]

第二进院落以大成门为核心。大成门面宽五间，进深六椽，单檐歇山顶，琉璃瓦覆盖。大成门东西两侧各有一座耳房，面宽三间，前后有廊。

第三进院落是以文庙主体建筑大成殿为核心的中心院区。大成殿石砌台基，殿前青石丹墀出三陛，殿甬道宽大。殿身面宽七间，进深六椽，单檐歇山顶。七檩前廊式构架。屋面蓝琉璃瓦剪边，正中有三个琉璃方心，脊和吻兽为黄琉璃烧制。殿内采用移柱、减柱造，顶设天花。大成殿内正中供奉有高约3米的孔子塑像，两侧有颜回等数十尊孔门弟子像。院内东西各有二十一开间的厢房，是祭祀孔子弟子和历代儒家先贤的场所。

第四进院落以崇圣祠为核心。崇圣祠是供祭孔子祖先的场所。祠门为木构三门坊式结构，祠内正殿面宽五间，进深五椽，单檐琉璃硬山顶。六檩前廊式构架。平面呈倒凹形，明、次间前设廊，稍间无廊。[②]

除文庙内各建筑的布局外，地方文庙因其功能为庙学合一，决定了其布局方式必然围绕祭祀功能的"庙"和教学功能的"学"展开。

就所存《太原府志》《山西通志》的记载来看，太原文庙采取前庙后学的建制。大成殿为"庙"的核心建筑，是祭祀

① 苑杰：《太原地区的文庙建筑》，载《文史月刊》2016年第12期。
② 苑杰：《太原地区的文庙建筑》，载《文史月刊》2016年第12期。

孔子的殿堂，其后的明伦堂为"学"的核心建筑，是儒学的宣教之地，也是讲辩经义之地。每月朔、望祭祀之后，参与祭祀的地方官员和学官儒生等聚集在一起讲经，并考校生员的功课。今天，太原文庙的明伦堂已经不复存在。①

① 张玲：《太原儒学建筑研究》，载《山西建筑》2010年第33期。

太原文庙的生态

文庙作为建筑实体和儒家文化符号，在其生成、演变、发展的过程中，通常会受到自然、人文、社会等多种环境因素的影响。历经千百年，文庙与这些因素逐渐融为一体，形成特殊的文庙生态。文庙生态既具有国家意志，又有地方特色，这是文庙存在和发展的基础。同时，太原文庙建筑作为具有物质功能上的通用性和精神功能上的时代性特征相结合的建筑实体，其所形成的总体环境氛围，向人们传递着强大的文化信息。

自然生态：文庙生成的根基

受"天人合一"自然哲学观的影响，古人非常注重人、建筑、自然之间的关系，追求建筑与自然环境的和谐统一。文庙作为人类创造的物质建筑实体，其最初的选址、布局、规划设计以及营建，及后续的发展，每个阶段都不同程度地受到自然环境的影响，受到气候、地形、地貌、水文等自然生态环境因素的限制。自然生态是文庙实体生成和存在的物质根基。

　　太原文庙能够绵延千年，成为太原市乃至山西省现存规模最大、保存最完整的文庙，与其所处的自然生态环境密不可分。总体而言，自然生态对太原文庙的影响主要表现如下：

　　首先是优越的地理位置。歌曲《人说山西好风光》曾唱道："人说山西好风光，地肥水美五谷香。左手一指太行山，右手一指是吕梁。站在那高处望上一望，你看那汾河的水呀，哗啦啦啦流过我的小村旁。"太原市就位于山西省的中央，太原盆地的北端，黄土高原的中心，西、北、东三面环山，东有太行山阻隔，西有吕梁山作屏障，中、南部为河谷平原，周围雄关险隘环绕，历来是易守难攻、可进可退的军事要地。全市地形北高南低，呈簸箕形。黄河的第二大支流——汾河，流经太原境内188公里。正因为三面环山，汾水经过，使得太原封闭但不闭塞，这为太原文庙的保存提供了有益的外部环境。

　　其次是独特的地理地貌。太原地区"木多松柏栝榆柳槐杨"[①]，这使得棂星门、殿宇中的木质梁架等可以就地取材，凸显了中国古代建筑的特点，即建筑以木结构为主，施工方便，建造时间短且可以重复利用。太原地区多柏树、松树、柳树，使得文庙中古柏、古松、古柳参天，形成古树流芳和郁郁生机为一体的文庙风景。太原地区"山多而水少，东西北三面皆山"[②]，因而太原石材丰富，便于太原文庙建造，文庙中的殿宇、照壁、泮池、石桥、石狮等均为石质建筑。相较于木质建筑，石质建筑具有防火灾、防腐蚀等优点，便于太原文庙的保存。同时，太原盛产琉璃制品。早在盛唐就出现了"碧瓦朱甍照城郭"[③]的繁华景象，明清时，太原的琉璃

---

① [清]李培谦、华典修，阎士骧、郑起昌纂：道光《阳曲县志》卷2《方产》。
② [清]李培谦、华典修，阎士骧、郑起昌纂：道光《阳曲县志》卷1《山川》。
③ 黄勇编：《唐诗宋词全集》，北京燕山出版社2007年版，第657页。

瓦已远销外省。其中，最知名的是太原马庄苏家制琉璃，据传始于盛唐，这些琉璃制品早在明朝嘉靖年间（约1522年）就曾进入皇宫。此后，其技艺代代相传近五百年，在北京故宫巍峨的建筑之上，也有苏家烧制的琉璃。不仅如此，太原苏家琉璃装点了山西众多的古文物、古建筑。太原文庙照壁中的琉璃团龙、琉璃斗拱、屋顶的各种琉璃瓦以及黄色琉璃鸱吻等，都得益于太原琉璃制品的娴熟技艺和精湛工艺，成为晚清琉璃制品中的精品。

再次是适宜的气候条件。太原属于暖温带大陆性季风气候类型，冬季受西伯利亚冷空气的控制，夏季受东南海洋湿热气团影响，形成了冬季干冷漫长，夏季湿热多雨，春季升温急剧，秋季降温迅速，春秋两季短暂多风，干湿季节分明的气候特点。同时，太原地区所处的北半球中纬度地理位置和山西高原的地理环境，使之能够接受较强的太阳辐射，光能热量比较丰富。太原文庙坐北朝南，保证了太原文庙日照，这为学子们学习提供了良好的照明条件。不仅如此，太原干燥的气候也有利于文庙木制牌楼以及建筑中的彩画等的保存，具有鲜明的地域特色。

最后是水文环境。历史上的太原，曾是"水泊之城"。至今，太原与水有关的街巷还很多，如海边街、南海街、大水巷、小水巷，最明显的佐证是"水西门"。太原山水相间，是一个有山有水充满灵性的地方。文庙中有了活水，则多了几分灵性。太原文庙初建于汾水之畔，临水既可以迎接夏日南来的凉风，还可以获得方便的水运交通及生活、灌溉用水，这也成为太原文庙在选址时考虑的重要因素。此后，太原文庙因汾水泛滥而迁址，但文庙附近依旧有小文瀛湖等。

文庙建筑存在于自然的生态之中，自然的地形、地质、地貌、气候、日照、水文等生态因子，构成了文庙存在的基础。文庙与自然生态环境融合得越好，寓意"文风"越旺盛，融合再生后的文庙则越具有活力，也就有可能存续得更加久远。不仅如此，作为中国古代祭祀孔子和传播儒学的场所，文庙形成了一个内在的自然生态圈。文庙中的景观都含有丰富的文化内涵，各种植物更是被赋予了人生精神品格的寄托。一般来说，文庙作为固定祭祀建筑空间，常选择松树、柏树等常绿树种，稳重华贵，四季不凋，且柏树挺拔而壮观，老枝苍虬而有力，赋予文庙一种庄重肃穆的感觉。

关于太原文庙中自然生态的记载不多，曾有诗描述了甘露降于太原文庙古松的情形，明成化《山西通志》卷16《集诗》中祝颢所撰写《甘露降太原府学文庙前松上》讲述了太原文庙古松迎来甘露的情形：

> 至德渊微格昊穹，神浆宵降素王宫，
> 祥光灿烂苍松上，和气薰蒸碧殿中。
> 世际文明昭有象，图传瑞应播无穷，
> 兰台藩臬躬遭遇，好疏封章达帝聪。[1]

整首诗中，作者营造了久盼而来的甘露降临文庙，松树迎雨而翠，将祥瑞正好降临于文庙之中的氛围。雨过之后，水汽弥漫在大成殿中，氤氲氲氲，好似祥光迎风而上。

太原文庙的内部自然生态与外部自然生态息息相关，可谓是外部自然生态下的一个小自然生态环境。因受太原自然生态的影响，太原文庙内松、柏、槐三种植物最多。《论语·子罕篇》言"岁寒，然后知松柏之后凋也"[2]，《礼记》言"礼之于人也，如松柏之有心也"[3]。这些植物历经了风霜，

① [明] 成化《山西通志》卷16《集诗》。
② 《论语·子罕》。
③ [宋] 李昉编纂，孙雍长、熊毓兰校点：《太平御览》第8卷，河北教育出版社1994年版，第649页。

太原文庙内的古柳

太原文庙内的古柏

其象征的铮铮精神，成为激励学子向上的无形动力。太原文庙内还有大批绿化空间，道路两侧植有树木，郁郁葱葱，生意盎然。

人文生态：文庙存在的灵魂

自然生态是文庙存在的根基，而人文生态则是文庙存在的灵魂。人文生态主要是指人们的思想、文化所构成的文化生态环境，偏向于思想意识层面。文庙是物质实体，又是精神文化的载体，是人所创造的文化成果的体现，是建立在一定思想文化基础之上并反映着某些思想文化的载体。文庙作为中华传统思想文化的物质载体，除受到儒家主流思想文化的影响之外，地域性文化也势必影响其发展。太原文庙便受到儒家文化以及太原本土文化的熏染。

第一，中原儒家文化的奠基作用。文庙因儒家思想文化而诞生，其后承担着传播普及儒学的任务，通过历朝历代"祭孔传儒"得以不断发展，生命力长存至今。透过太原文庙建筑实体，可一探儒家思想文化的身影。太原文庙采用严格的"中轴对称"式布局，建筑对称观念突出。建筑外围是红色的围墙，使太原文庙成为一个规整对称的闭合空间。可知，文庙建筑本身即是作为一种礼制建筑建造起来的，礼制建筑不仅仅指建筑物，而是一个庞大的复合体，几乎包含古代礼制的各个方面，关涉文庙建筑的等级、规模，孔子祭祀的礼仪、服饰、器具、乐舞等一整套建筑制度、祭祀制度，其必然遵循儒家"礼"的规范，以达到相应的规格要求，且不能逾越。不正不偏、主次分明、尊卑有序、有理有序等"礼""序""正""和""中庸""孝"的儒家思想，在太原文庙的建筑内容和布局装饰中有具体体现。

第二，多元开放文化的浸润作用。自秦汉以来，儒家思想成为中国文化的主流。儒家文化中厚德载物的精神追求和"和同为一家"的民族观，是太原对外开放的思想基础。儒家文化宽厚和兼容并包的民族观和价值观，为吸收各民族间的不同文化和融合外来文化提供了良好的社会心理素质和精神基础。太原历史上几次大的胡汉文化融合，都是"和同为一家"的兼容精神的生动体现。民族融合而形成的游走四方的文化积淀，是太原对外开放的原始动力。魏晋南北朝、隋唐时代，太原迎来与西域文明的大交融，特别是素有"古代世界商贩"的中亚粟特人络绎而至，带来异域的物产与风俗习惯，也带来了长途贩运逐利、跋涉交换贸易的文化与价值观，一定程度上强化了太原人四处周游、贸易经商的文化性格。到元代末期，太原地区的各民族已经大致完成融合，汉胡之间的界限，特别是文化上差异渐少，生活方式趋同。正是太原包容多元开放文化的浸润，使得太原文庙既有儒家文化的独有特色，同时吸收了佛教、道家等多元文化。

文庙侧重于思想文化意识形态的人文生态，其旨趣异于道观、佛寺、祠堂，立足于儒家思想建造，而后主要传播儒学，是中华文化传承的载体。文庙以儒家思想文化为主体，兼容并包其他地域文化，以极大的胸怀融合中华大地上人文生态的合理因子，交融后的再生，使文庙的根基愈益牢固、坚实，确保文庙得以挺拔，屹立千年。

太原文庙附近的崇善寺、纯阳宫，突出了太原文庙浓重的多元文化色彩。文庙依崇善寺旧址而建，现存的崇善寺的局部，包括山门、钟楼、东西两厢和大悲殿，自成格局。大悲殿面宽七间，进深四间，重檐歇山顶，为太原现存最完整、最标准的明代木构建筑，具有较高的艺术价值。前檐安有隔扇，背面装有板门，殿内设天花板，檐下有斗拱承托屋檐，瓦顶黄绿色琉璃剪边，瑰丽壮观。殿内中间的神台上供千手千眼十一面观音；左边是千钵文殊菩萨，右边是普贤菩萨。像高8.3米，比例适度，衣饰流畅，完好无损。寺内珍藏有南宋绍定四年（1231年）宋版碛砂藏经（全部）、元版藏经（部分）、明正统五年（1440年）明版北藏经（全部）、明成化八年（1472年）赤金写德华经七卷、明嘉靖三十年（1551年）南藏经（全部），此外，还保存上下两册《释迦世尊应化事迹图》和《善财童子五十三参图》。纯阳宫与文庙、崇善寺有所不同，是为供奉吕洞宾而修建，主要建筑为吕祖殿、方形单间回廊亭及巍阁。四围建配房和砖窑洞。前院亦楼阁式建筑，平面为方形抹角，四隅建八角攒尖亭，益增雅趣。新中国成立后，增设假山，建关公亭及碑廊二十楹。纯阳宫建筑群布局严谨，类型众多，洞石亭阁，殿楼相间，为道教建筑文化中别具特色的优秀范例。可以说，太原文庙外围的崇善寺、纯阳宫，分别作为佛家、道家文化传播载体，与太原文庙这一儒家文化传播载体共同营造了儒道释的文化生态圈。

社会生态：文庙延续的动力

李约瑟在谈及"中国建筑的精神"时指出，中国人在建筑领域最如实表达着两大理念：人类不能视为是独立于自然的；人也不能与社会分离。[1]文庙建筑即反映了这两大理念。文庙是人的产物，它既存在于自然环境中，也存在于人类社会中，因而围绕文庙形成了一个特殊的社会生态环境。"社会生态系统是人类社会系统及其环境系统在特定时空的有机结合"[2]，包含经济、政治等因素的社会生态，对文庙的存在和发展产生的影响非常大，可以视为文庙存续和发展的动力。

基于对儒学的推崇和教育的重视，地方政府或民间力量非常重视文庙的修建。太原文庙自北宋创建后，由于自然或人为的破坏，经历了多次重修。宋代韩琦任太原知州时，注重对文庙的扩建和重修，在他的努力下，太原文庙"南书楼、北讲堂、东西斋舍，庙学异门。又设射侯于庙学之间，以备男子之习"[3]。金天会九年（1131年），耶律资让镇太原时，太原文庙得以重建，完颜宗宪等任太原府尹时也曾重建、扩建太原文庙，并不断重振太原文庙的学风和文风，培养了一批饱学之士。明景泰、天顺间，巡抚朱鉴、布政陈

① 〔英〕李约瑟原著，〔英〕柯林·罗南改编：《中华科学文明史》下，上海交通大学科学史系译，上海人民出版社2014年版，第1041页。
② 沈邦仪：《人才生态论》，蓝天出版社2005年版，第94页。
③ 〔宋〕韩琦：《并州新修庙学记》，《安阳集》卷21，见〔宋〕韩琦撰，李之亮、徐正英笺注《安阳集编年笺注》上，巴蜀书社2000年版，第702页。

昱、参政杨璿等重修太原文庙，明天启年间，督学吴时亮曾重修太原文庙。在明代地方官的努力下，明代太原文庙登榜者越来越多。太原文庙最大的一次重建为清光绪八年（1882年），由当时的山西巡抚张之洞倡议，在火毁了的崇善寺废墟上新建，由亭、殿、门、庑、祠组成四进院落，利用前崇善寺未毁的零星建筑，较之原庙更为恢宏、庄重，竣工后成为当时山西省内规模最大的文庙。这次重建进一步稳定了文人的人心，重振了士子求学的热情。1953年，太原文庙改为山西省博物馆，2003年改为山西省民俗博物馆。2010年以来，太原文庙保护逐渐步入正轨，大多数殿宇、文物得到了妥善保护。2020年4月，太原文庙与山西考古博物馆融为一体，职能进一步扩展。从古至今，文庙的整修都离不开经济的支持，正是在地方及国家经济的支持下，文庙得以不断发展，可见，经济生态因子是文庙发展的重要动力之一。

社会政治生态因素对文庙发展所起的支柱作用尤为突出。自汉武帝"罢黜百家，独尊儒术"之后，儒家思想学说从学术层面一跃成为官方推崇的信仰哲学。在以儒治国的背景下，唐太宗下令"州县学皆立孔子庙"[1]，宋代在兴学运动的推动下，文庙使人向学的功能被进一步重视，各地在修建学校时，也纷纷设置文庙，明清时期政府依旧不遗余力地修建文庙。统治阶级对儒学的重视，使得各地文庙得以修建，府、州、县均有文庙。宋代以后，太原文庙在历任府尹的重视下，经历多次重修和扩建，发展步入正轨。太原文庙与社会政治生态的良性互动，使太原文庙不断发展。可见，政治生态环境、地方官员以文庙推动当地文教事业，成为文庙发展的重要动力。

而政治因素亦能导致文庙的毁灭，太原文庙因政治因素

---

[1] [宋] 欧阳修、宋祁：《新唐书》卷15《礼乐五》，中华书局1975年版，第373页。

经历了多次浩劫。宋末元初战乱，太原文庙被毁，一度坍塌。民国时期，由于政局不稳定，全国各地很多文庙被挪作他用，太原文庙被改为山西省教育图书博物馆、山西省立民众教育馆等。

文庙的存在、发展和兴衰深受政治生态因素的影响。政府重视文教事业，文庙则会发展，反之则会受到制约、破坏。清朝末年，国力衰微，内忧外患，加之科举制度的废除，文庙开始走向衰落，其教育教学功能逐渐被新式学校所取代。1949年以后，尤其是改革开放以来，由于政府的高度重视，文庙的保护、开发和利用迎来了历史最好的契机，各地文庙建设日渐兴隆。太原文庙也正是在这样的条件下，得到了更为合理的保护和利用。

03>

太原文庙的祀制与礼仪

祭祀表现为祭天、祭地、祭祖先、祭山川河流等，由人类对于自然、祖先的敬畏和崇拜以及寻求自然、祖先的庇护而逐渐发展起来。自孔子创建儒家学派后，儒文化继承了原始祭祀文化，而儒家学派的创始者孔子亦被后世纪念和祭祀。"凡始立学者，必释奠于先圣先师"①。作为以祭祀孔子和传播儒学为主要功能的文庙，其祭祀强调的是孔子的文化贡献，以及对孔子之道的礼敬和遵循。同时，文庙祭祀传达了中国尊师重教的传统，集中展示了历代政治和文化的关系。从历代祀制看，文庙祀制主要包括祭祀时间、祭祀等级、祭祀人物、祭祀物品、祭祀乐舞、祭祀礼仪等。

①《礼记·文王世子》。

太原文庙的祭祀时间

　　祭祀孔子的形式分为两种，分别是国祭和家祭，二者在祭祀时间上有所区别，只有孔子诞辰日时，两种祭祀形式会同时进行。就国祭来说，分为常设性祭祀和非定期祭祀。常设性祭祀主要包括释奠、释菜和行香三种。释奠礼，主要是每季仲月上丁日举行的祭祀。古代，人们把一年分为春夏秋冬四季，每季分为三个月，分别是孟月、仲月、季月。按照干支纪日，每月不会超过三十日，所以甲乙丙丁等天干一般都会出现三次，其中第一个丁日被称为"上丁"，祭祀孔子会选在这一天。从唐代开始，释奠仪式改为春秋两季的仲月上丁日举行。[1]释奠仪式是文庙中最高级别的祭祀。太原文庙的释奠仪式也是最高级别的祭祀，于春秋二季的仲月上丁日举行释奠仪。

　　据乾隆时期《太原府志》记载："国家崇师重道，高出千古。自雍正三年，追封孔子五代王爵，而文庙春秋二祭，其典特隆。他如御灾捍患，以劳定国，以死勤事，及有功德于民者，亦罔不致祭焉。至于乡间祈报，相沿已久，长民者仍而弗禁。《礼》曰：'有其举之，莫可废也。'附录于末，其亦此意也夫。"① 道光《阳曲县志》记载，"先师孔子皆以岁春秋仲月上丁行释奠礼"②。1914年，民国政府颁布《民国大总统祀典礼令》明确规定，"春秋两丁为祀孔之日，仍从大祀，其礼节、服制、祭品，当与祭天一律"③。可见，文庙祭祀时间有国家下发的专门规定，一年祭祀两次，一般是在春秋两季，由当地的行政长官，到当地文庙主持祭祀典礼。太原文庙也如此，祀孔典礼一年两次，分春丁与秋丁，具体时间为每年立春和立秋后的第二个丁日，所以也称仲丁。太原文庙改为山西省立民众教育馆等时，于农历八月二十七日、即孔子的农历诞辰举行孔子诞辰纪念会，这与文庙祭祀已有所区别。自新中国成立后，太原文庙祭祀中断。自2005年起，太原文庙恢复祭孔活动后，太原文庙的祭孔时间也有所改变，每年举行一次祭孔大典，以孔子诞辰日9月28日为祭祀时间。

① ［清］乾隆《太原府志》上函第3册 卷19《祀典》。
② ［清］李培谦、华典修，阎士骧、郑起昌纂：道光《阳曲县志》卷3《建置图》。
③ 孔喆：《孔子庙祀典研究》，青岛出版社2019年版，第92页。

太原文庙的
祭祀等级

祭祀仪式的等级之分可以追溯到《周礼》。据《周礼》，肆师的职责是"掌立国祀之礼，以佐大宗伯。立大祀，用玉帛牲牷；立次祀，用牲币；立小祀，用牲"[1]。国祀分为大祀、中祀和小祀，这与后代的三祀制是相通的。[2]其中，大祀是国家最隆重的祭祀，如祭祀天地、宗庙等；中祀的礼仪隆重程度次之，如祭祀日月星辰、社稷、五岳等；小祀亦称群祀，如祭祀司中、司命、风伯、雨师、诸星、山林、川泽等。

文庙释奠在国家祭祀中以居中祀为常态，就其分布与影响而言，已远远超越其他祭祀。祭祀孔子的等级可追溯至汉高祖十二年（公元前195年），汉高祖刘邦经过鲁国，专程至曲阜以太牢祭祀孔子，即用牲牛、羊、猪各一祭祀孔子。而古代祭祀天、地皆用太牢，可见当时祭祀孔子的级别之高，祭孔犹如祭天。

唐朝时，国子监祭祀级别为中祀，而州县文庙释奠为小祀。北宋建隆三年（962年）诏，祭祀文宣王用一品礼，庙

① 陈戍国点校：《周礼·仪礼·礼记》，岳麓书社2006年版，第46页。
② 《周礼注疏》卷19，见［清］阮元校刻《十三经注疏》，中华书局1980年版，第768页。

门立十六戟，为中祀。北宋崇宁四年（1105年），文宣王神像"改用冕十二旒，服九章，而又图绘颁之天下郡邑。其执圭立戟并从王者制度"[①]。此时，文庙祀孔级别较宋初有所提高，孔子像改为天子冠冕，庙门立戟提高为二十四戟，但是祭祀等级没变，仍为中祀。南宋绍兴十年（1140年），京师国子监文宣王庙祭祀升为大祀，笾豆增加为十二，但州县仍为中祀。明太祖洪武元年（1368年）诏，以太牢祀孔子于国学，仍遣官诣阙里祭告。明洪武十五年（1382年）诏，天下通祀孔子，并颁释奠仪注，孔子以下去塑像易木主，更定乐章，舞六佾。明洪武二十六年（1393年），颁大成乐器于天下府学，令州县学准其式。明宪宗成化十二年（1476年），增孔子庙乐舞为八佾，笾豆各十二，升为大祀。明世宗嘉靖九年（1530年），更正孔庙祀典，于孔子神位题"至圣先师孔子神位"，去其王号及大成文宣王之称，改大成殿为先师庙，大成门为庙门。春秋祭祀，遵国初旧制十笾十豆，天下各学八笾八豆，乐舞止六佾，其他从祀贤儒略，有更改遂永为定式，文庙释奠又恢复为中祀。

一般来说，古代祭祀等级是稳定的，偶尔出现变动，上升或是下降。祭祀孔子之释奠礼，大部分时期为中祀。其中，南宋高宗绍兴十年（1140年），明宪宗成化十二年（1476年），清光绪三十二年（1906年）短期升为大祀。同时，祭祀等级还会因为行政级别的高低而有所不同，中央官学释奠等级较地方官学释奠等级略高，一般国学释奠若为大祀，州县释奠则为中祀；国学释奠若为中祀，则州县释奠为小祀。太原文庙建于宋太平兴国四年（979年），作为地方府学的文庙，其祭祀等级为中祀。

① 李景文、马小泉主编：《民国教育史料丛刊449·中国教育事业·中国教育史》，大象出版社2015年版，第284页。

太
原
文
庙
的
受
祀
人
物

　　文庙的主祀为孔子，其配祀分为两大类：一是与孔子有思想学说和文化渊源关系的，将其儒家学说发扬光大的弟子以及历代先贤大儒，即四配、十二哲，他们不单设建筑，在大成殿内分列在孔子神位两旁，或供奉在大成殿两侧的厢房内；二是与孔子有家族血缘关系的，即将孔子的父母先祖作为配祀，这类配祀必须另设建筑，单独祭祀。文庙内各个殿供奉人物位，圣殿正中供奉至圣先师孔子神位。孔子神位两边有四配，东配为复圣颜子、述圣子思；西配为宗圣曾子、亚圣孟子。圣殿内还供有十二哲，分东西两序，东序为闵子、冉子、端木子、仲子、卜子、有子；西序为冉子、宰子、冉子、言子、颛孙子、朱子。东庑供奉的人物众多，有先贤与先儒之分：先贤有公孙侨、林放、周敦颐、程颢等四十位，先儒有公羊高、诸葛亮、韩愈、文天祥等三十八位。西庑供奉的人数与东庑供奉的人数基本相当，也有先贤与先儒之分：先贤包括蘧瑗、公冶长、张载、程颐等三十九位，先儒包括穀梁赤、董仲舒、欧阳修、顾炎武等三十七位。崇圣祠主祀孔子的五代祖先，并以著名儒学家先人配享从祀。崇圣祠主祀的孔子五代祖先神位，正中为孔子高祖肇圣王木金父公神位，其左为孔子高祖裕圣王祈父公，其右为孔子曾祖诒圣王防叔公，再左祖父昌圣王伯夏，再右父亲启圣王叔梁纥。文庙中祭祀孔子及著名儒学家的先人，体现了我国传统教育中尊崇先辈之功的精华所在。

太原文庙受祀对象严格遵循中央王朝统一制度的规定，与其他各地文庙所奉祀的主要人物大体一致，同时祭祀有本地名宦、乡贤。

第一，主祀——孔子。文庙中孔子的像设，有平面和立体之分，平面像设多为画像或壁画。东汉光和元年（178年），汉灵帝设置鸿都门学，"画孔子及七十二弟子像"[1]。汉代之时，文庙像设基本以绘画为主。

此后，文庙中多运用塑像祭祀孔子，属于立体像设。据《大学衍义补》载：

> 塑像之设，自古无之，至佛教入中国始有也。三代以前，祀神皆以主，无有所谓像设也，彼异教用之，无足怪者。不知祀吾圣人者，何时而始为像云。观李元瓘言，颜子立侍，则像在唐前已有矣。呜呼，姚燧有言，《北史》：敢有造泥人、铜人者，门诛。则泥人固非中土为主，以祀圣人法也。后世莫觉其非，亦化其道而为之。郡异县殊，不一其状，长短丰瘠，老少美恶，惟其工之巧拙是随。就使尽善，亦岂其生盛德之容？甚非神而明之，无声无臭之道也！国初洪武十四年，首建太学。圣祖毅然灼见千古之非，自夫子以下，像不土绘，祀以神主，数百年夷教乃革。[2]

① 《后汉书·蔡邕传》。
② ［明］邱濬：《大学衍义补》卷65。

可见，文庙中孔子像改为立体像设与汉魏时期佛教传入并日趋流行有关。到了明朝，文庙中出现"像设"和"木主"之争。明洪武四年（1371年），国子司业宋濂上疏："古者造木主以栖神，天子诸侯之庙皆有主，卿大夫士虽无之，大夫束帛以依神，士结茅为菆，无有像设之事。开元礼亦谓设先圣神座于堂上西楹间，设先师神座于先圣神座东北，席皆以莞，则尚扫地而祭也。今因开元八年之制，抟土而肖像焉，则失神而明之之义矣。"[1]对此，朱元璋不以为然。但是时隔十一年，即明洪武十五年（1382年），南京国子监建成，因凡学必有庙，朱元璋毅然决定"去塑像，设木主"于其中。清代则继承了这一制度，文庙祭祀大都设木主。文庙中木主替代了孔子塑像后，同时对木主的尺寸大小进行统一规定。明洪武年间的规定为，长三尺三寸五分，连上云下座，共五尺二寸，阔七寸，连左右云，共一尺一寸五分。明嘉靖九年（1530年）规定孔子木牌位，高两尺三寸七分，阔四寸，厚七分，座高四寸，长七寸，厚三寸四分。清朝规定木主高两尺五寸五分，广六寸五分，厚一寸；小座高四寸五分，大座高一尺四寸五分；龛二重，内龛连座高九尺四寸，广六尺，深三尺七寸，外龛高一丈七尺四寸，广一丈五尺六寸，深八尺一寸；二龛安放在黄琉璃大座上，座高三尺，广一丈七尺两寸，深九尺七寸；木主为朱底金书，上题"至圣先师孔子神位"。

唐代中期以前，孔子像的位置一直是坐西面东，汉章帝亲临阙里祭祀孔子时，"帝升庙，西面，群臣中庭北面，皆再拜"[2]。唐代开元二十七年（739年），孔子加封为文宣王，孔子坐向发生变化，改为居中面南。并非所有文庙的孔子面向均是居中面南，有的坐西向东，有的则坐南向北。

① [明] 宋濂：《孔子庙堂议》，见 [清] 薛熙《明文在》2，台湾华文书局1967年版，第533页。
② [唐] 杜佑：《通典》上，岳麓书社1995年版，第772页。

关于文庙孔子像的服饰，历代也有一定的规制。唐初，孔子用司寇冠冕。唐开元二十七年（739年），孔子被封为"文宣王"后，文庙中孔子像改着王者冕服。五代时用"上公之服"。宋代仍沿用此制，《宋史》记载：

> 国子监丞赵子栎言："唐封孔子为文宣王，其庙像，内出王者衮冕衣之。今乃循五代故制，服上公之服。七十二子皆周人，而衣冠率用汉制，非是。"诏孔子仍旧，七十二子易以周之冕服。又诏辟雍文宣王殿以"大成"为名。帝幸国子监，谒文宣王殿，皆再拜行酌献礼，遣官分奠兖国公而下。国子司业蒋静言："先圣与门人通被冕服，无别。配享、从祀之人，当从所封之爵，服周之服，公之衮冕九章，侯、伯之鷩冕七章。衮，公服也，达于上。郑氏谓公衮无升龙，误矣。考《周官》司服所掌，则公之冕与王同；弁师所掌，则公之冕与王异。今既考正配享、从祀之服，亦宜考正先圣之冕服。"于是增文宣王冕为十有二旒。①

宋代在沿用"上公之服"基础上，崇宁三年（1104年），依据国子司业蒋静建议，朝廷将孔子的服饰改为冕十二旒，服十二章，执镇圭，用天子礼服。此后历代皆沿用。元代曾将孔子服饰改为左衽，明正统十三年（1448年），又下诏将孔子服饰改为右衽。

对孔子的谥号历代也逐渐变化，在嘉靖九年（1530年）祀典改革前，孔子的封号多为爵称或王称，改革后主要以"先师"称之，意味着孔子地位更加尊贵。

① ［元］脱脱等：《宋史》，中华书局2000年版，第1714—1715页。

历代帝王对孔子的追谥

朝代	时间	封号	备注
西汉	元始元年（1年）	褒成宣尼公	
东汉	永元四年（92年）	褒尊侯	
北魏	太和十六年（492年）	文圣尼父	改称
北周	大象元年（579年）	邹国公	进封
隋	开皇元年（581年）	先师尼父	尊称
唐	武德七年（624年）	先师	尊称
唐	贞观二年（628年）	先圣	尊称
唐	贞观十一年（637年）	宣父	尊称
唐	显庆二年（657年）	先圣	复尊
唐	乾封元年（666年）	太师	赠
武周	天授元年（690年）	隆道公	封
唐	开元二十七年（739年）	文宣王	谥
北宋	大中祥符元年（1008年）	玄圣文宣王	加封
北宋	大中祥符五年（1012年）	至圣文宣王	改称
西夏	人庆三年（1146年）	文宣帝	
元	大德十一年（1307年）	大成至圣文宣王	加封
明	嘉靖八年（1529年）	至圣先师	改称
明	嘉靖九年（1530年）	至圣先师	
清	顺治二年（1645年）	大成至圣文宣先师	
清	顺治十四年（1657年）	至圣先师	改称
民国	1935年	大成至圣先师	

（表据：南京工学院建筑系、曲阜文物管理委员会《曲阜孔庙建筑》，中国建筑工业出版社1987年版整理。）

据现有资料，并未找到太原文庙孔子木主的尺寸。据道

太原文庙大成殿内孔子铜像

光《阳曲县志》记载，后期与太原文庙合并的阳曲学宫安放在大成殿内的孔子木主高二尺三寸七分，阔四寸，厚七分，座高四寸，长七寸，厚三寸四分，朱底金书。[①]这与明朝嘉靖时期对孔子木主尺寸规定一致。

目前，太原文庙大成殿内安放有孔子铜像。2006年9月10日，香港孔教学院汤恩佳先生捐赠山西省当代儒学研究会和太原文庙的孔子铜像运抵太原，结束了太原文庙没有孔子圣像的历史。[②]大成殿内还放置着历代帝王祀孔表、历代帝王对孔子封谥表、孔子生平大事表以及孔子画像、孔子行教图。太原文庙里的孔子像是标准的孔子形象之一，孔子不执镇圭，左手执右手，来源于唐代吴道子所画的《孔子行教像》，是现在流行较广的代表像。

第二，配享——四配。因为文庙内四人配享后成为定

① [清]李培谦、华典修，阎士骧、郑起鬟：道光《阳曲县志》卷3《建置图》。
② 中国孔子基金会编：《中国儒学年鉴2007》，《中国儒学年鉴》社2007年版，第155页。

制，因此称为四配。东配为颜回、子思；西配为曾参、孟轲。据现有资料，并没有找到太原文庙东西四配木主的尺寸，据道光《阳曲县志》记载，后期与太原文庙合并的阳曲学宫的东西四配木主高一尺五寸，阔三寸二分，厚五分，座高四寸，长六寸，厚二寸八分，赤底墨书。[1]目前，太原文庙四配位于孔子铜像左右侧，左侧为邹国公孟子、成国公曾参，右侧为兖国公颜回、沂国公子思。

太原文庙大成殿内孟子、曾参像

太原文庙大成殿内颜回、子思像

① [清]李培谦、华典修，阎士骧、郑起昌纂：道光《阳曲县志》卷3《建置图》。

第三，从祀——十二哲。十二哲的形成经历了一个演变过程，初为十哲，后增为固定的十二个人物，称为十二哲。十二哲一般供奉于大成殿内四配之外，明嘉靖九年（1530年）厘正祀典后，规定十二哲一律去爵号，易以木主，制木主高一尺四寸，阔二寸六分，厚五分，座高二寸六分，长四寸，厚二寸，赤底墨书，并改称为先贤某子。据现有资料，并没有找到太原文庙东西十二哲木主的尺寸，据道光《阳曲县志》记载，后期与太原文庙合并的阳曲学宫东西十二哲木主高一尺四寸，阔二寸六分，厚五分，座高二寸六分，长四寸，厚二寸，赤底墨书。[①]这与明嘉靖九年（1530年）厘定祀典后的规定完全一致。目前，太原文庙内没有放置专门的十二哲图像。

第四，从祀——先贤、先儒。先贤指古代的贤人，主要由孔门弟子组成。先儒指历史上对儒学有杰出贡献的学者。先贤、先儒都有被朝廷加赠爵号，但明嘉靖九年（1530年）厘正祀典，取消爵号，先贤、先儒木主一律改为先贤某子、先儒某子，并制定木主尺寸大小，高一尺四寸，阔二寸六分，厚五分，座高二寸六分，长四寸，厚二寸，赤底墨书；左丘明以下先儒木主各高一尺三寸四分，阔二寸三分，厚四分，座高二寸六分，长四寸，厚二寸，赤底墨书。[②]据现有资料，并没有找到太原文庙东西两庑先贤木主的尺寸，据道光《阳曲县志》记载，后期与太原文庙合并的阳曲学宫东西两庑先贤尺寸与十二哲相同，木主均高一尺四寸，阔二寸六分，厚五分，座高二寸六分，长四寸，厚二寸，赤底墨书；先儒的木主则高一尺三寸四分，阔二寸三分，厚四分，座高二寸六分，长四寸，厚二寸，赤底墨书。[③]由此来看，太原文庙在祭祀先贤、先儒的木主规制上依旧按照明嘉靖九年（1530年）

太原文庙大成殿内子夏像

---

① [清] 李培谦、华典修，阎士骧、郑起昌纂: 道光《阳曲县志》卷3《建置图》。

② [清] 孙承泽著，王剑英点校:《春明梦余录》，北京古籍出版社1992年版，第291—292页。

③ [清] 李培谦、华典修，阎士骧、郑起昌纂: 道光《阳曲县志》卷3《建置图》。

的规定。

第五，追祀——孔子先祖。孔子父亲叔梁纥（前622年—前549年），宋大中祥符元年（1008年）追封为齐国公，建专祠于曲阜孔庙，元至顺元年（1330年）加封为启圣王，明嘉靖九年（1530年）改称启圣公。启圣祠起初只主祀孔子父亲一人，后来者认为，孔子能成长为一代先圣，必不是其父一人所积累，能有如此成就，必是积几代先人之福，于是清雍正元年（1723年），"封孔氏五代王爵"①，后将全国各地文庙"启圣祠"改为"崇圣祠"，主祀孔子五代先人。据乾隆《太原府志》记载，崇圣祠追封孔子五代王爵，复以张载父张迪从祀。②

第六，附祀——名宦、乡贤。明洪武二年（1369年），令天下学校皆建祠，左祀贤牧，右祀乡贤，附祭庙庭。③明世宗令天下有司、学校备查古今名宦、乡贤，果有遗爱在人，乡评有据者，即入祠祀。④清雍正以后，文庙祭祀名宦、乡贤，其祭器、祭品、祀文、仪节，颁在学宫，俱有常例。⑤据现有资料，并没有找到太原文庙名宦、乡贤的记载，据道光《阳曲县志》记载，后期与太原文庙合为一体的阳曲学宫中，左名宦祠有三间，右乡贤祠有三间。其中名宦祠供奉人物有周鼎（金阳曲令）、颜瑜（元阳曲教谕）、陈溥（明山东参议，前阳曲令）、刘因（明南京应天府治中，前阳曲令）、王珠（明大同府通判，前阳曲县丞）、于天经（明阳曲令）、李选（明阳曲县丞）、徐守经（明监察御史，前阳曲令）、周永春（明礼科给事，前阳曲令）、宋权（清大学士文康公，前阳曲令）。⑥乡贤祠供奉人物有郭奕（晋尚书）、郭澄之（晋南丰侯）、郭彦（后周澧州刺史，怀德县公）、刘昌阁（唐检校工部尚书代节度使）、冯恩（元集贤院大学士）、

① 徐映璞：《两浙史事丛稿》，浙江古籍出版社1988年版，第65页。
② [清]乾隆《太原府志》卷10《学校》。
③ [明]李之藻：《泮宫礼乐疏》，见上海古籍出版社《四库全书》第651册，第301—302页。
④ 张玉娟：《明清时期乡贤祠研究——以河南乡贤祠为中心》，河南大学硕士学位论文，2009。
⑤ 范小平：《中国孔庙》，四川文艺出版社2004年版，第185页。
⑥ [清]李培谦、华典修，阎士骧、郑起昌纂：道光《阳曲县志》卷3《建置图》。

王守成（成府省志作诚，元左省丞）、阎暐（明贵州道监察御史）、周暄（明南京刑部尚书）、申纲（明松江府知府）、韩彰（明南京刑部尚书）、周经（明礼部尚书讼文端）、陈璧（明右副都御史）、许斌（明御史）、王槐（明苑马寺卿）、唐希介（明陕西按察司副史）、崔侃（明四川保宁府知府）、陈璘（明巡抚右副都御史）、张天相（明陕西布政使司右布政使）、张仲贤（明佥都御史）、阎铎（明陕西按察司佥事）、解瑛（明长清县知县）、张文明（明监察御史赠太常寺少卿）、刘乐（明浙江金华府知府）、侯伦（明南京户部侍郎）、张梯（明户部郎中）、唐颐（明陕西临洮府知府）、侯汝谅（明巡抚辽东佥都御史）、王道行（明四川布政使司右布政使）、李希洛（明户科给事中）、万自约（明顺天府府尹赠工部右侍郎）、马维骐（明北直隶怀隆道副使）、李成名（明兵部左侍郎）、张凤奇（明北直隶永平府知府赠光禄寺卿）、任政（明南直隶泗州知州）、郭崇（明湖广府推官）、裴润（清赠通政司右参议）、李家选（崇祯丙子举人，湖南道参议）、赵杰（赠兵部职方司督捕郎中）、傅山、阎广居（湖南乾州厅同知加知府卫）。[1]

太原文庙四配十哲、先贤先儒表

四配	殿内东傍西向	复圣颜子、述圣子思				
	殿内西傍东向	宗圣曾子、亚圣孟子				
十哲	殿内西傍东向	闵子	冉子	端木子	仲子	卜子
	殿内次东西向	冉子	宰子	冉子	言子	颛孙子
	殿内次西东向	朱子				

① ［清］李培谦、华典修，阎士骧、郑起昌纂：道光《阳曲县志》卷3《建置图》。

（续表）

东庑先贤	殿内次东西向	蘧子、澹台子、原子、南宫子、商子、漆雕子、司马子、有子、巫马子、颜子、曹子、公孙子、秦子、颜子、壤驷子、石作子、公夏子、后子、奚容子、颜子、句井子、秦子、县子、公祖子、燕子、乐子、狄子、孔子、公西子、颜子、施子、申子、左丘子、秦子、牧子、公都子、公孙子、张子、程子
西庑先贤		林子、宓子、公冶子、公皙子、高子、樊子、梁子、冉子、伯子、冉子、漆雕子、漆雕子、公西子、任子、公良子、公肩子、鄡子、罕父子、荣子、商子、左人子、郑子、原子、廉子、叔仲子、公西子、邽子、陈子、琴子、步叔子、秦子、颜子、颜子、县子、乐正子、万子、周子、程子、邵子
东庑先儒		公羊子、孔子、毛子、高堂生、郑子、诸葛子、王子、司马子、胡子、尹子、吕子、蔡子、陆子、陈子、魏子、王子、许子、许子、王子、薛子、罗子、陆子
西庑先儒		谷梁子、伏子、后子、董、杜子、范子、韩子、范子、胡子、杨子、罗子、李子、张子、黄子、真子、何子、赵子、金子、陈子、陈子、胡子、蔡子

（表据：［清］雍正《山西通志》卷35《学校》整理。）

目前，太原文庙内并没有放置名宦乡贤图像，但是大成殿内有专门的三晋名儒图像，如王通、柳宗元、孙复、司马光、郝经、薛瑄。

太原文庙大成殿内王通像

王通（584—617），隋代教育
家、思想家。

太原文庙大成殿内柳宗元像

柳宗元（773—819），"唐宋八
大家"之一，唐代文学家、哲
学家、散文家和思想家。

太原文庙大成殿内孙复像

孙复（992—1057），北宋理
学家、教育家。

太原文庙大成殿内司马光像

司马光（1019—1086），北宋政
治家、史学家、文学家。

太原文庙大成殿内郝经像

郝经（1223—1275），宋末元初
大儒。

太原文庙大成殿内薛瑄像

薛瑄（1389—1464），明代思想
家、理学家、文学家，河东学派
创始人。

太原文庙的
祭祀物品

文庙祭祀物品主要指释奠时所使用的祭品和祭器，各朝礼仪制度对祭品和祭器的使用都有相应的规定。关于祭孔的祭品，可追溯至《史记·孔子世家》中的记载。据载，"高皇帝过鲁，以太牢祠焉"[1]。汉高祖刘邦经过鲁，用"太牢"，即牛、羊、猪三牲，祭祀孔子。牛、羊、猪三牲成为祭祀孔子的主要祭品，后世基本相沿。唐代以前，文庙祭祀多用牛、羊、猪祭祀孔子，即多用太牢祭祀孔子。唐代中期，祭祀孔子的祭品与祭器逐渐确定下来。《大唐开元礼》规定，国学"春、秋释奠于孔宣父，九十五坐，先圣、先师笾十、豆十、簋二、簠二、登三、铏三、俎三。若从祀，笾豆皆二、簋一、簠一、俎一"；州县学校春秋释奠于先圣、先师时，祭器减少，一般为"每坐各笾豆皆八、簋二、簠二、俎三"[2]。礼器中所盛的祭品也有规定，十笾盛以石盐、藁鱼、枣、栗、榛、菱、芡、鹿脯、白饼、黑饼等物，十豆盛以韭菹、醓醢、菁菹、鹿醢、芹菹、兔醢、笋菹、鱼醢、脾析菹、豚胉。州县祭祀所用的八笾减少白饼、黑饼，八豆减

①《史记·孔子世家》。
②［宋］欧阳修、宋祁：《新唐书》卷12《礼乐二》，中华书局1975年版，第321—322页。

少脾析菹和豚胎。①可见，文庙祭祀时，祭品有猪、牛、羊三牲，有盐、芡米、菱角等。文庙的祭品历代虽有变动，但是变化不大，如光绪三十二年（1906年），将祭孔典礼升格为大祀，崇圣祠供祭太牢。

可见，文庙释奠使用不同的祭品和祭器，不同的祭品和祭器体现着文庙释奠的规格。如祭品用牲牢有太牢和少牢之分，所使用祭器笾、豆的数量，最高规格为大祀用笾十二、豆十二，其次为中祀用笾十、豆十，小祀则用笾八、豆八。②随着文庙祭祀制度的逐步完善，文庙中受祀人物孔子、四配十二哲、先贤先儒所使用的祭品祭器也出现了等级森严的差别。

太原文庙祭祀时，先师位前有牛一、羊一、豕一、登一、铏二、簠二、簋二、笾十、豆十、炉一、镫二；四配位前有羊一、豕一、铏二、簠二、簋二、笾八、豆八、炉一、镫二。此外，大成殿中设一案，少西北向，供祝版，其南东设一案，西向，陈礼神制帛九、香盘四、尊三、爵二十有七，西设一案，东向，陈礼神制帛八、香盘三、尊二、爵二十有四。凡牲陈设于俎。凡帛，正位四配异筐，十二哲东西共筐，凡尊实酒承以舟，疏布幂勺具。东庑二位同案，每位爵一，实酒。每案簠一、簋一、笾四、豆四；先贤案前羊二、豕二、香案一、炉一、镫二；先儒案前羊一、豕一、香案一、炉一、镫二；十二哲位前有铏一、簠一、簋一、笾四、豆四；东西两庑羊一、豕一、炉一、镫二，设案一于南北向，陈礼神制帛二、香盘二、尊三、虚爵六，俎筐幂勺具。③

崇圣祠正位的祭品和祭器为羊一、豕一、铏二、簠簋各二，笾豆各八，炉一、镫二，配位前笾十、豆十、炉一、镫二，配位前簠一、簋一、笾四、豆四，东西羊豕各一、炉

①［宋］欧阳修、宋祁：《新唐书》卷12《礼乐二》，中华书局1975年版，第321—322页。

② 孔喆：《孔子庙祀典研究》，青岛出版社2019年版，第310—311页。

③［清］李培谦、华典修，阎士骧、郑起昌纂：道光《阳曲县志》卷3《建置图》。

一、镫二。中设一案，少西，供祝版，东设一案，陈礼神制帛七，香盘六、尊四、爵二十有一，西设一案，陈礼神制帛二，香盘一，尊三爵六。两庑东二案西一案每位爵一实酒，余陈设簠、簋、笾、豆、羊、豕、炉、镫，如配位之数，各南设一案，陈设礼神制帛一，香盘一，尊一、虚爵三，俎筐幂勺具。①

可见，太原文庙祭祀因是中祀，故而用笾十、豆十。不仅如此，太原文庙各祠在祭祀时，祭品和祭器因祭祀人物不同有所差异，先师孔子享受最高祭祀礼，而后依次减之，遵循儒家礼制规范进行。

从以上大体可知，太原文庙的祭器遵照国家规定，主要为登铏、簠簋、笾豆、炉、尊、爵、俎等古代祭器。此外，据《本馆陈列古代礼器乐器一览》记载，太原文庙还藏有大尊、山尊、牺尊、象尊、雷尊、著尊、壶尊、龙勺、幂、杳鼎、毛血盘、胙盘、庭燎、馔盘等礼器。②

太原文庙祭祀的祭品则主要为三牲，即牛、羊、猪。三牲的选用，有一定规定，而不能随意。祭祀所用之牲，以身体健康、毛色纯一为佳。牺牲选好后，由专人饲养一段时间，喂养时间依据祀典等级，大多是大祀喂养九十天，中祀喂养三十天，小祀喂养十天。③可见，太原文庙祭祀用的三牲喂养时间为三十天。此外，三牲在喂养期间，若出现瘦弱或是致死，喂养责任人应受相应惩治。一般在挑选祭祀用牲时还会挑选一头替补牺牲，以备使用。祭祀前几日，有省牲仪式，牲在走向祭坛前还须经过一番修饰，以示祀事的庄严。祭祀前夕割牲，牲的毛血盛于器皿中，待祭祀时使用。之后的解牲、烹牲也十分讲究，有一套复杂的割牲、烹牲之法。同时，太原文庙祭祀时还有谷物、羹等。其中，祭祀的谷

---

① 参见［清］李培谦、华典修，阎士骧、郑起昌纂：道光《阳曲县志》卷3《建置图》。
②《本馆陈列古代礼器乐器一览》，载《山西省立民众教育馆月刊》1934年第6期。
③［清］李培谦、华典修，阎士骧、郑起昌纂：道光《阳曲县志》卷3《建置图》。

物主要有黍、稷等几种，有专人专门管理其耕种、收藏、去壳、淘洗、制作、标记，直至盛于簠簋陈设于案。盛谷物的器皿主要是簠、簋。祭祀所用的羹有太羹、和羹两种。太羹盛于登，和羹盛于铏。太羹贵于和羹，太羹为不加五味等调料的肉汤，和羹则为加入了调料的羹汤。一般为牲牢割取完毕后所剩之体烹调而成。此外，太原文庙祭祀还有帛。祀典用帛需要一定的资格等级，一般大祀、中祀方可用帛作为祭品。释奠用帛因奉祀神灵之物，织造时十分讲究。明洪武年间规定，织造释奠用帛的织工要专人专任，且此人未曾犯过错，无疾病和不良嗜好，并要求在织造帛时要沐浴更衣，洗手焚香。

太
原
文
庙
的

祭
祀
乐
舞

　　中国古代祭祀中，除陈设祭祀物品外，以音乐、歌舞配
合行礼，通过乐舞实现人神之间的沟通，也是中国古代祭祀
的特色之一。文庙祀典中以音乐、歌舞配合行礼，符合儒家
以礼乐教化治理天下的根本思想。自隋代出现专门的文庙祀
典乐章——《诚夏》始，此后历代均有专门的文庙祭祀乐
章。因资料限制，今已无法还原清代以前太原文庙的祭祀乐
舞，只能据清代《太原府志》和《阳曲县志》记载，推测
太原文庙的祭祀乐舞和乐器。据记载，"设中和韶乐于殿外
两阶，金编钟在东，玉编磬在西，皆十有六，悬以虞业东，
应鼓一，柷一，麾一，西敔一，东西分列，琴六，瑟四，箫
六，篴六，篪四，排箫二，埙二，笙六，拊拊旌二，羽籥
三十有六"[1]。由此，太原文庙祭祀乐章为《中和韶乐》。目
前，太原文庙大成殿内有汤恩佳所作《孔圣颂》。

　　据清代《太原府志》和《阳曲县志》记载，太原文庙祭
祀的乐器主要为编钟、编磬、应鼓、柷、麾、敔、琴、瑟、
箫、篴、篪、埙、笙等，同时详细地记载了各乐器的数量。

① [清] 李培谦、华典修，阎士
骧、郑起昌纂：道光《阳曲县志》
卷3《建置图》。

太原文庙大成殿内《孔圣颂》

以上所列乐器，钟为金质乐器，磬为石质乐器，琴、瑟为丝质乐器，箫、篪为竹质乐器，笙为匏质乐器，鼓为革质乐器，柷、敔为木质乐器，埙为土质乐器。每一件乐器在释奠过程中都发挥着不可替代的作用，《尚书》中描述为"八音克谐，无相夺伦，神人以和"[1]，各类乐器相互配合，才能奏出优美的乐章。

与祭祀乐器、祭祀音乐相伴的是祭祀舞蹈。祭祀舞蹈以中、和、祗、庸、孝、友等六德为基本的舞蹈语言，通过授、受、辞、让、谦、揖、拜、跪、顿首的舞姿，配合举、衡、落、拱、呈、开、合、并等舞具动势作为其表现形式，以舞蹈的艺术魅力传达思想感情，表达出儒家礼乐治道的政治观念。[2]文庙祭祀的乐舞沿用了佾舞的形式。一般来说，文庙祭祀多采用六佾舞，仅明成化十二年（1476年）、清光绪

[1]《尚书·尧典》。
[2] 刘续兵、房伟：《文庙释奠礼仪研究》，中华书局2017年版，第103页。

时期、1914年孔子祭祀升格为大祀时才采用八佾舞。明成化十二年（1476年）孔子祭祀改为大祀时，仅国学祭祀为八佾舞，郡县依旧为六佾舞。关于太原文庙的祭祀舞蹈，就所掌握的资料，并没有详细而清晰的记载，因太原文庙为府学文庙，故而推测其祭祀舞蹈为六佾舞。文庙释奠的舞蹈还有文舞和武舞之分。武舞最先用于释奠礼，跳舞时执干戚。文舞又称羽舞，所用舞具为籥与羽。后代文庙祭祀时或是文武并用，或是仅用文舞，或是有乐无舞。祭祀舞蹈贯穿于祭祀的全过程，但是并不是每个祭祀程序都有舞蹈。据清代《太原府志》《阳曲县志》《山西通志》等记载，祭祀有舞的环节在初献、亚献、终献时，其他环节则没有舞蹈。[1]

---

[1] [清] 雍正《山西通志》卷35《学校》。

太原文庙的
祭祀礼仪

"宗教的核心不是教义，而是仪式；而宗教仪式的功能就是强化一种价值观念的行为方式。"[1]通过文庙祭孔仪式，可以强化对孔子儒学的认同。各朝代文庙祭祀仪式有所区别，如唐代文庙祭祀仪程为迎神，奠币，迎俎；初献、初献饮福受胙，亚献、亚献饮福受胙，终献、终献饮福受胙，望燎，讲学。明代祭祀仪程主要是迎神、奠币、进俎、初献、亚献、终献、分献、饮福受胙、彻豆、送神。[2]大体来说，文庙祭祀礼仪于唐朝时期已基本定型，后世虽有改变，但大体都是在三献礼基础上增加或改变仪程，如清代大体按照《大清通礼》进行。

清代祭祀礼仪

具体来说，清代文庙祭祀仪程如下表：

① 夏建中：《文化人类学理论学派：文化研究的历史》，中国人民大学出版社1997年版，第102—103页。
② 郭润涛：《明代文庙祭祀"仪注"研究》，见朱诚如、王天有主编《明清论丛》第7辑，紫禁城出版社2006年版，第122—123页。

清代文庙祭祀礼仪仪程表

1	盥洗	当日凌晨，各分献官须提前在文庙门外汇集，恭候主祭官驾临。主祭官到后，与分献官一起在引导员引领下，从文庙左门来到盥洗处洗手。
2	迎神	鸣门钟、击门鼓毕，主祭官、分献官各就各位，乐队奏迎神乐《昭平之章》；唱迎神曲《昭平之歌》，歌词大意：大哉孔子，先觉先知，与天地参，万世之师，祥徵麟绂，韵答金丝，日月既揭，乾坤清夷。
3	上香	歌罢，主祭官从圣殿左门走到孔子神位前上香，分献官到各自负责的殿内为所司神位上香。上香毕，所有祭祀人员在主持人的统一指挥下，行三拜九叩大礼。
4	行初献礼	叩首毕，行初献礼，乐队奏《宣平之章》，唱《宣平之歌》，初献礼主要是献帛。献帛后，仍行九叩礼。
5	行亚献礼	初献礼后，行亚献礼，乐队奏《秩平之章》，唱《秩平之歌》，亚献礼主要是献爵。献爵后，再行九叩礼。
6	行终献礼	亚献礼后，行终献礼，乐队奏《叙平之章》，歌《叙平之歌》，终献礼也是献爵。终献礼后，还行九叩礼。
7	行彻馔礼	终献礼后，击鼓三声，行彻馔礼，乐队奏《懿平之章》，唱《懿平之歌》。
8	行送神礼	歌声止，再鼓三声，行送神礼，乐队奏《德平之章》，唱《德平之歌》。
9	行望燎礼	歌声中，主祭官、分献官站在指定地点行望燎礼。所谓"望燎"，就是表情凝重，一动不动地目视祝帛燎化过程。待所有祝帛化为灰烬后，整个祭孔典礼就此告成。

（表据：赵焕林主编《辽宁风物》，辽宁人民出版社2012年版整理。）

据乾隆《太原府志》、道光《阳曲县志》等记载，可以还原清代太原文庙祭祀仪式。太原文庙祭祀仪式较之《大清通礼》而言，环节较少，有迎神、初献、亚献、终献、彻馔、送神六个环节。道光《阳曲县志》对六个环节的记载如下：

清代太原文庙祭祀仪式

迎神	祭祀当日，承祭官、分献官暨陪祀官均致斋二日，眡牲眡割牲书祝陈设皆如前仪。祭日，设福胙于殿内，东案尊爵之旁加爵一，设洗于阶下之东。鸡初鸣，承祭官、分献官预集致斋所，赞引，承祭官自左侧门入，分引两序，分献官两庑。分献官随至阶东，盥手毕，诣拜位，陪祀官咸诣位序，立赞就位，赞迎神司乐，赞举迎神乐，奏昭平之章，辞曰"大哉孔子，先觉先知，与天地参，万世之师，祥徵麟绂，韵答金丝，日月既揭，乾坤清夷"。乐作赞就上香位，引承祭官升东阶入殿左门赞诣。 先师香案前赞跪，承祭官跪俯伏，赞，上香，司香跪奉香。承祭官三上香毕，俯伏与以次诣。 四配位前跪上香，仪同，赞，复位，引承祭官退及殿左门北，面揖出降阶，复位，初迎神时，分引东西序，分献官各一人升东西阶入殿，左右门诣。 十二哲位前跪上香退及门北面，揖出，降阶，复位，引两庑，分献官东西各二人分诣。 先贤先儒位前跪上香，揖出，复位，均如前仪，赞，跪叩，兴。 承祭官分献官暨陪祀官行三跪九叩礼，兴，乐止，赞，奠帛爵。
初献	奏宣平之章，辞曰"予怀明德，玉振金声，生民未有，展也大成。俎豆千古，春秋上丁，清酒既载，其香始升。"舞羽籥之舞，承祭官升阶，赞诣。 先师位前赞跪，承祭官跪俯伏，司帛跪奉筐，承祭官受筐，拱举以授司帛兴奠于案，司爵跪奉爵，承祭官受爵拱举以授司爵兴奠于垫中，承祭官俯伏兴赞就读祝位引承祭官至殿中，拜位立赞跪，承祭官分献官暨陪祀官皆跪赞，读祝词曰维某年月日某官某致祭于至圣先师孔子，曰维先师德隆千圣，道冠百王。揭日月以常行，自生民所未有。属文教昌明之会，正礼和乐节之时。辟雍钟鼓，咸格荐于馨香；泮水胶庠，益致严于笾豆。兹当中春秋，祗率彝章，肃展微忱。聿将祀典，以复圣颜子，宗圣曾子，述圣子思子，亚圣孟子配。尚飨！ 承祭官、分献官暨陪祀官均行三叩礼兴赞引承祭官以次诣，四配位前跪奠帛，献爵，退及殿左门北面，揖出，降阶，复位，分引两序，分献官升东西阶入殿左右门诣。十二哲位前跪俯伏奠帛献爵，俯伏兴退及门北面揖出，降阶复位引两庑分献官分诣。先贤先儒位前奠帛献爵，揖出，复位，乐止，赞。

（续表）

亚献	奏轶平之章，辞曰"式礼莫愆，升堂再献，响协鼗镛，诚孚罍甒，肃肃雍雍，誉髦斯彦，礼陶乐淑，相观而善。"舞同初献。赞引承祭官升阶诣。先师暨四配位前奠爵于左，如初，两序两庑随分献毕均复位，乐止，赞。
终献	奏叙平之章，辞曰"自古在昔，先民有作，皮弁祭菜，于论思乐。惟天牖民，惟圣时若，彝伦攸叙，至今木铎。"舞同亚献。赞引，承祭官升阶，奠爵于右，如亚献仪，两序两庑随分献毕，均复位，乐止，文德之舞退，赞引福受胙，引承祭官至殿中，拜位立奉福胙，二人自东案奉福胙至。 先师位前拱举，退立于承祭官之右，接福胙，二人自西案进，立于左，赞跪，承祭官跪，赞，饮福酒，右一人跪递福酒，承祭官受爵，拱举以授于左，接以兴，次受胙，如饮福酒之仪，赞叩，兴，承祭官三叩，兴，赞，复位，引承祭官退及殿左门，北面揖出，降阶，复位，赞跪叩兴，承祭官，分献官暨陪祀官均行三跪九叩礼，兴赞。
彻馔	奏懿平之章，辞曰"先师有言，祭则受福。四海黉宫，畴敢不肃。礼成告彻，毋疏毋渎，乐所自生，中原有菽。"彻毕，乐止，赞。
送神	奏德平之章，辞曰"凫绎峨峨，洙泗洋洋，景行行止，流泽无疆。聿昭祀事，祀事孔明，化我蒸民，育我胶痒。"乐作赞，跪叩兴。承祭官分献官暨陪祀官行三跪九叩礼，兴，乐止，赞，奉祝帛馔，恭送燎所，承祭官避立，拜位，西旁俟过。复位引，承祭官诣燎所，视燎毕，乐止，各官皆退。

（表据：[清]李培谦、华典修，阎士骧、郑起昌纂道光《阳曲县志》卷3《建置图》整理。）

可见，太原文庙祭祀时，承祭官、分献官以及陪祀官均需要"致斋二日"。祭祀当天迎神时，"设福胙于殿内"。承祭官、分献官以及陪祀官于盥洗处洗手，请出孔子及四配的牌位，由主祭人（地方最高行政长官）进香，行三拜九叩礼，乐奏昭平之章。整个过程，用六佾乐舞，演奏金声玉振，古朴悠扬的韶乐，吟唱孔子德侔天地、道贯古今的颂词；初献、亚献、终献则是整个祭孔活动中的主体部分，由主祭（一人），陪祭（二人）分三次把酒类、蔬菜、肉类、干鲜果品等祭品奉祀到孔子像前，"三献"分别奏宣平、秩平、叙平之章曲，用六佾舞。舞分文舞、武舞两班，每班又分两组，每组八人，相对而立。武生在前，右手执戚，左手执干；文生居后，右手执羽，左手执籥，在八音齐备的乐器伴奏中，舞生跳起祭孔乐舞，每一舞蹈造型代表一个字，舞姿刚劲舒展，具有古典美；彻撰，乐奏懿平之章；送神是祭孔礼仪的最后一部分，乐奏德平之章。

民国时期祭孔典礼一览

1912年，南京临时政府教育部下令停止读经、祭孔，并将文庙改为他用，但文庙的祭祀典礼依然存在。就此，国民政府于1939年11月专门颁布了《各省市县文庙奉祀官设置条例》。

第一条　各省市县文庙应设置奉祀官一人，专司关于文庙之祀祭、保管、设备及洒扫事宜，应设助理员二人秉承奉祀官命令襄助之。

第二条　奉祀官应具有左列资格之一者，由各该市县教育厅局遴任之，并应呈部备案，但县治如尚未设有教育局者，暂由该县政府办理。一、地方绅士品行端正者，二、曾从事教育事业二年以上或现在教育界服务者，三、熟谙祀典并曾参加历练有素者。

第三条　助理员以具有高小学校毕业以上程度，富有服务精神为合格，得由奉祀官呈准各该主管厅局或迳由各该厅局派充之。

第四条　奉祀官之薪给按月最低额五十元，最高额一百元，以十元为一级，助理员之薪给按月最低额二十元，最高额四十元，以五元为一级。

……

第十条　无论已未设置奉祀官地方，如有地方绅士不受薪给或津贴自愿组织文庙洒扫所者，听之。

第十一条　本条例如有未尽事宜得由教育部临时修正之。

第十二条　本条例自公布日施行。[①]

民国时期文庙祭祀规模已经远不如先，辉煌不再，多是地方士绅控制下的祭孔，祭孔时间改为孔子诞辰日，祭孔的仪式等较为简洁。以太原文庙为例，阎锡山任山西督军时期，依旧在太原文庙举行祭孔仪式，只是与清代文庙祭孔有所区别，以1934年农历八月二十七日的孔子诞辰纪念会为例，具体如下：

第一，纪念会前期的准备工作。由柯璜负责筹备，前期整洁大成殿，搭建彩棚讲台，购置果实俎豆之类，陈列钟鼎彝乐等器，敦请名流届时莅会讲演，通知军警维持秩序。

第二，参加人数。"八月二十七日晨七时许，宿雨初晴，天气清朗，各届文士，或整队或个别来会参加者，旗帜飘扬，络绎于途。届时莅会者，有绥署总参议赵次陇先生，省府秘书长王尊光先生，教育厅长冀育堂先生，暨名流陈乙和先生等，并各机关代表民众团体等二百余人，连同各学校教职员学生，及商民人等，共计六千余人，颇极一时之盛。"[②]

第三，纪念仪式。"九时十分振铃开会，由赵总参议主席。礼乐悠扬，备极隆重。依次举行下列仪式：一、全体肃立，二、奏乐，三、唱党歌，四、向党国旗总理遗像及孔子遗像行三鞠躬礼，五、恭读总理遗嘱，六、主席报告纪念孔

①《各省市县文庙奉祀官设置条例》，载《国民政府公报》1938年第82期。

②《本馆举行孔子诞辰纪念会志盛》，载《山西省立民众教育馆月刊》1934年第5期。

民国时期太原文庙大成殿内祭孔仪式（图片摄于太原文庙大成殿）

子之意义，七、讲演，八、礼成。由赵总参议报告纪念孔子之意义后，冀教育厅长等相继讲演，至十一时始毕。"[1]

就上述民国时期太原文庙祀孔仪式来看，较之清代文庙祀孔仪式有所简化。首先，延续春秋丁祭的传统，如1923年夏历二月初九日为本年春丁，阎锡山等于太原文庙举行春丁祀孔大典，也会以纪念孔子诞辰的方式祭孔；其次，根据时代变化仪式有所变化，加入了向总理遗像鞠躬、讲演等新仪式，转跪拜礼为鞠躬礼；第三，祭祀仪式前奏党歌，向总理遗像鞠躬。太原文庙祀孔仪式中，只有高小以上学历、名流政要等有身份的人才能参加，如太原文庙二月初九的春丁祀孔时，参加祭祀的有督军兼省长阎锡山、冀宁道道尹、商业学校教员李兆丰、第一中学校职员李九卿、模范小学校职员王根礼、阳曲县第四国民学校校长吴存福等。[2]

① 《本馆举行孔子诞辰纪念会志盛》，载《山西省立民众教育馆月刊》1934年第5期。
② 《春丁祀孔大典恭志》，载《来复报》1923年第245期。

当代祭孔大典一览

太原文庙自2005年9月28日开始举办祭孔大典，并长期开设"国学大讲堂"，至今已有十余个年头，太原文庙祭孔大典已经成为太原一项传统文化活动。当代祭孔大典与此前文庙祭孔的祭祀时间、祭祀内容等有所区别。

第一，就祭祀时间来看，当代祭孔大典的时间为孔子诞辰日9月28日，与此前文庙祭祀时间为春丁、秋丁以及孔子的农历诞辰八月二十七日有所区别。

第二，就祭孔的组织人员和参加人员来看，当代祭孔大典由山西省当代儒学研究会、山西省孔子文化研究会、山西中华文化学院、山西省民俗博物馆等单位联合主办，社会各界人士参加。这与古代文庙祭祀要求"秀才"以上人员参加，民国时期太原文庙祀孔要求只有高小以上学历、名流政要等有身份的人员才能参加有所区别。

第三，就祭孔的仪式来看，以2010年太原文庙祭孔大典仪式为例，具体如下：

> 祭孔大典由山西省当代儒学研究会副会长、山西省政协常委焦惠生主持，山西省当代儒学研究会会长相从智致辞，山西省孔子文化研究会会长孔祥毅宣读了祭文。现场来宾向孔子圣像鞠躬行礼，并敬献花篮。随后，来自山西财经大学华商学院的大学生们，身穿汉服，依古法行礼敬祭，上香，献酒，鞠躬，叩拜。祭祀仪式之后，来自太原各校的700多名学生诵读了《论语》《大学》《弟子规》等儒家经典。[1]

---

① 王大千：《中国儒学年鉴 2011年》，《中国儒学年鉴》社2011年版，第216页。

可见，当代太原文庙祭孔大典的仪式较之古代、民国时期的太原文庙祭孔仪式，已经简化很多，祭祀过程主要为社会各界人士向孔子圣像鞠躬行礼，上香、献酒、鞠躬、叩拜。

除祭孔大典外，太原文庙于祭孔当日还举行具有浓厚山西文化特色的文物展出，其中包括石刻、石雕、各种木牌匾、大型门楼和各个时期的砖雕、拴马桩、抱鼓石、门墩、驼铃、马槽等实物文物4000余件。晚上，由山西文瀛书院承办的"中华圣诞夜"活动在太原文庙举行，参会者围绕"我们应该如何学习孔子"这一活动进行了热烈讨论。不仅如此，山西省当代儒学研究会的各位专家还以"儒家与中华民族共有精神家园"为主题进行研讨。在纪念活动上，人们共同探讨孔子的哲学思想。①由此，当代太原文庙祭孔大典一定程度上保留了古代文庙祭孔仪式的释奠，并在此基础上进行简

① 王大干：《中国儒学年鉴 2011年》，《中国儒学年鉴》社2011年版，第216页。

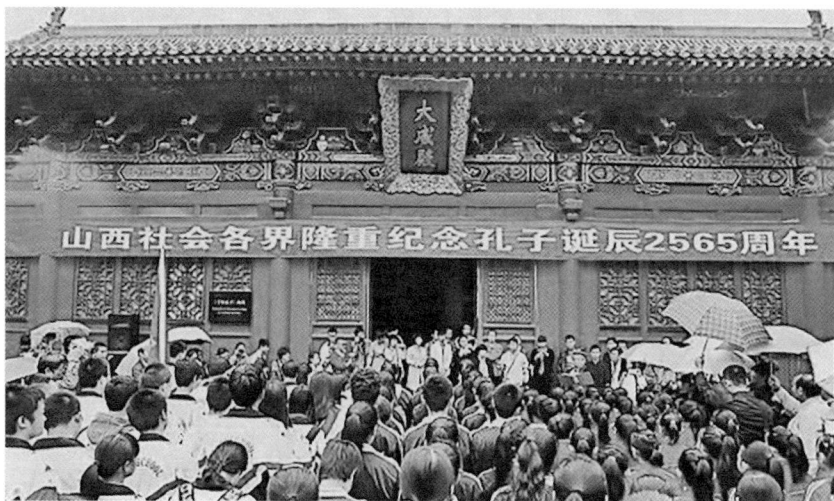

2014年9月28日，太原文庙内举办纪念孔子诞辰2565周年活动

化和更新，融入了纪念活动、国学活动，以及传承山西民俗文化的文物展览，将祭孔活动与传承、研讨儒家学说的学术活动融为一体。

综上，当代太原文庙祭孔时仪式依旧予以简化，如改跪拜礼为鞠躬，三牲改为面塑三牲，敬献花篮，集体诵读《论语》等。简化的仪式在传统文庙祭孔仪式的基础上融合了新鲜元素，既表达对孔子的追忆和对儒家文化的尊崇，同时将成人礼、情景剧等传统或现代元素融合到文庙祭祀当中，让人可以穿梭于古今之中，体会中华文化的博大精深。主持和参与祭祀的人员已经与民国时期及以前不同，此前主要是统治者和士人阶层，一般百姓无缘参与其中。当前，太原文庙祭孔典礼中除各界代表、专家学者外，传统文化爱好者、普通百姓均可参与，进一步拓宽了文庙祭祀的参加人员范围，有助于文庙祭祀和中国传统儒家文化得到多渠道的传播和认同。

总之，文庙祭祀具有重要意义，明洪武年间侍郎程徐曾做出精辟概括：

> 古今祀典，独社稷、三皇与孔子通祀。天下民非社稷、三皇则无以生，非孔子之道则无以立。尧、舜、禹、汤、文、武、周公，皆圣人也；然发挥三纲五常之道，载之于经，仪范百王，师表万世，使世愈降而人极不坠者，孔子力也。孔子以道设教，天下祀之，非祀其人，祀其教也，祀其道也。今使天下之人读其书，由其教，行其道，而不得举其祀，非所以维人心、扶世教也。[1]

① [清] 张廷玉等：《明史》卷139《列传》第27。

就此观之，文庙的主要作用在于祭祀孔子和历代先贤先儒，文庙祭祀传达了民众对儒家道统的尊崇，彰显了历代对儒家文化的认同以及表彰了孔子对中国文化的贡献。[1]不仅如此，文庙祭祀中的各种礼仪规范，亦传达了民众对儒家价值观的信仰。

① 刘续兵：《文庙祭祀的文化意义》，载《光明日报》2013年3月25日。

太原文庙的学校
教育与社会教化

文庙最初是作为纯粹的祭祀性建筑而出现的，而其普及和发展则与教育紧密相关。东汉明帝永平十五年（公元72年），汉明帝东巡回朝时，"幸孔子宅，祠仲尼及七十二弟子。亲御讲堂，命皇太子、诸王说经。"①这是文庙首次被用来作为教学场所。唐代时曾两次下诏规定天下学皆立文庙，自此"州县莫不有学，则凡学莫不有先圣之庙矣"②。随着文庙的普及，凡办学的地方便有文庙，文庙具备学校教育的功能，庙学一体成为一种定制。太原文庙是太原府学所在地，也是地方官学开展教育教学所在地。太原文庙不仅是实施普通教育的场所，同时具有社会教育和教化的功能，无论是承担教育教学和祭祀功能时的太原文庙，还是改为图书馆、民众教育馆、博物馆等时的太原文庙，都承担着社会教化的重要职责。

①《后汉书·明帝纪第二》。
② 马端临：《文献通考》卷43《学校考四·祠祭褒赠先圣先师》，文渊阁四库全书本。

太原文庙的
学校教育

关于太原文庙的学校教育，从《太原府学文庙碑》可以窥见一番：

> 明昌二年，以前中都路都转运使张公大节出尹太原。太原于公为乡郡，故尤以宣布教条、淬励风俗为己任。始至，首谒先师。见其栋宇卑陋，陛庑狼藉，喟然叹曰："是足以上副皇朝右文之意乎？"乃量功命日，撤故就新。始自大殿，重加整饰，周以翠甍，华而不侈，孝礼为宜。因中门两翼，构为外舍各三楹，分六斋。又建大堂于贤堂之南，俨雅清洁，望之生敬。故讲堂去殿不数步，无阶陛可以降升，暗翳迫隘，不堪其陋。今北选二十步有奇，隆基三尺余，高壮伟丽，与大殿相辉映。复构屋十楹左右，为斋十六，稍南又各建六楹，分八斋，及外斋总三十楹。讲堂之后，提学、教授、正录之位序咸在焉。讲学谈经既有堂与斋矣，储粟藏书既有库矣，饮食有庖，祭祀有器，秀茂之士，其至如归。公

乃诣学，召集诸生，谆谆劝诱，不啻如贤父兄之切至
也。是年登龙飞榜者，学籍凡七人，翰林应奉王泽首冠
多士。先是公持横海节，亦时修饰学官，督课儒业，学
生徐韪是举遂魁天下。并、沧皆古名镇，以学校之废，
故久无登科者。一旦兴学，二人继成大名，则知张公教
养之勤，岂非其效验耶？[①]

　　据上述资料，大体可以窥见金代太原文庙的教育教学情
况，热心于地方官学的各级官员为太原文庙的教育教学作出
了贡献。金大定、明昌之际，出任太原府尹、业尹的地方官
员以宣布教条、淬励风俗为己任，对太原文庙进行翻新和扩
展，专门扩充了用以教学的讲堂、校舍。同时，太原文庙内
还设有专司教育教学职责的提学、教授、正录。为了教育教
学顺利开展、教师和学生安心学习，文庙内有便于师生查阅
资料的藏书库，展示了金代的藏书风尚；文庙内还有便于师
生饮食无忧的储粟库、庖、学田等。正是在这样的保障下，
太原文庙于明昌二年（1191年）科登榜者有七人，另有一名
词赋状元太原王泽，此前，太原文庙学生徐韪于金世宗大定
二十五年（1185年）登榜，成为当年的文状元。
　　限于资料限制，已无法明确太原文庙学生的入学资格
和招选人数，学生类别和待遇以及学生的学习、考试、毕
业，太原文庙教师的选聘、待遇，太原文庙的教材和教学
内容，仅能根据《宋会要》《明史》《山西通志》等其中关
于府学、地方官学的记载，窥见和推测太原府学、文庙的
教育教学情况。

① 王新英辑校：《全金石刻文辑
校》，吉林文史出版社2012年
版，第348—349页。

太原文庙的学生

第一，入学资格。金代是太原府学文庙发展的高峰期，此时太原文庙得以修复和扩建，其招生对象主要是宗室子弟、皇家五服之外的远亲和落第举人。[①]就明朝太原府学文庙学生来源来看，按照《明会典·学校》的规定为"听于民间选补"[②]，即从民间子弟中选拔。明洪武二年（1369年）钦定学校规章中有生员入学定例："凡各处府、州、县，责任守令于民间俊秀及官员子弟选充，必须躬亲相视，人才俊秀，容貌整齐，年及十五之上，已读语孟四书者，方许入学。其年至二十之上愿入学者，听在内监察御史、在外按察司巡历到日，逐一相视。生员如有不成才者，黜退，另行添补。"[③]可见，明代太原府学文庙学生的入学要求较多，不仅限定出身，还从相貌、年龄、学识等多方面进行了限制。地方官学的生员依旧限定于官员子弟或知识分子家庭，如太原府学生员中较有名气的傅山，出身于贡生家庭，家学渊源。曾祖傅朝宣曾为宁化府仪宾、承务郎，祖父傅霖累官山东参议、辽海兵备，颇有政绩，其父傅子谟终生不仕，精于治学。傅山少时，受到严格的家庭教育，博闻强记，读书数遍，即能背诵。十五岁中秀才，曾入太原府学学习先秦经典和诸子百家书。傅山还受到山西提学袁继咸的指导和教诲，是袁氏颇为青睐的弟子之一。

第二，招选人数。自唐朝起，官学已按定额招收学生入学。明代太原府学文庙的招选人数也有明确规定，据《明史·选举志》载，洪武初，定"生员之数，府学四十人，州、县以次减十"[④]。虽然明初定下了府学、县学学生的招收数额，但不久就指示可以扩招，扩招的名额没有限定。据

傅山（1607—1684），明清之际思想家、书法家、医学家。

① 俞启定：《中国教育简史》，中央广播电视大学出版社1999年版，第149页。
② ［清］顾炎武著，黄汝成集释，栾保群、吕宗力校点：《日知录集释》，上海古籍出版社2014年版，第348页。
③ 冼剑民、陈鸿钧编：《广州碑刻集》，广东高等教育出版社2006年版，第11页。
④ ［清］张廷玉等：《明史》卷69《选举一》。

《明史·选举志》载，"生员虽定数于国初，未几即命增广，不拘额数"①。明宣德三年（1428年），开始规定扩招学生的数量，"宣德中，定增广之额：在京府学六十人，在外府学四十人，州、县以次减十"②。清代因袭明制，各地学校每届录取生员也有名额限定。《清会典·仪制清吏司六》载，清顺治四年（1647年），各地儒学视人口多少、文化优劣，分为大、中、小学；取进童生，大学四十名，中学三十名，小学二十名。顺治十五年（1658年），定为大府二十名，大州县十五名，小学四五名。康熙九年（1670年）又定大府二十名，大州县十五名仍旧，中学十二名，小学七八名。③可见，进入府学的生员，须经过考试方能录取，且有学额的具体限制。

此外，明清地方官学的生员人数也有差别。地方官学生员分为廪膳生员、增广生员与附学生员。廪膳生员简称廪生，指的是最初按规定名额招生或后来考试成绩优秀，由政府供给廪米的学生。后来，入学人数不断增加，各个学校又于廪生额外扩充录取了一些生员，这些人没有廪膳待遇，其地位次于廪生，当时被称为增广生员，简称"增生"。增生经岁、科两试，取得优异成绩者可以补充为廪生。而后，地方官学又增加了附生，因在廪膳生、增广生额外增取的学生，附于诸生之末，故称为附学生员。这些学生经岁、科两试第高者可以补充为廪生或增生。另外，士子未入学者则称为童生，童生中的少数优异者也可以参加乡试，称为充场儒生。

具体来说，地方官学在招生时，地方童生先经本县考试，提出初选名单后，送太原府参加由学政主持的府试，考中者即为秀才。取得秀才资格者，方可成为儒学生员。因此，考中秀才也称进学。据《明史》规定，太原府儒学生员

① [清] 张廷玉等：《明史》卷69《选举一》。

② [清] 张廷玉等：《明史2》，中华书局2000年版，第1127页。

③ 刘英杰主编：《中国教育大事典.1840年以前》，浙江教育出版社2004年版，第97页。

按照规制，各类生员的学额分别为廪膳生员、增广生员各四十名。此外，还有附学生员，在府、县中均无定数，由地方视情形而定。据雍正《山西通志》记载，清朝初年，太原府学的廪膳生员、增广生员各为四十名，阳曲县学为二十二名，府学生员大体与明代相同，且较之县学生员名额多。①据《钦定学政全书》，雍正十三年（1735年），山西太原府学，原取进童生二十名，酌减三名，以一名归直隶忻州，二名归直隶代州。其太原府学额数，除减去三名外，应存留十七名。②此后，太原府学额进童生十七名，廪生四十名，增生四十名，一年一贡。据《钦定大清会典事例》记载，同治十年（1871年），"太原府学，额进童生十七名，廪生四十名，增生四十名，一年一贡。阳曲县学、榆次县学、文水县学，各额进童生二十名，廪生二十名，增生二十名，二年一贡。太原县学、太谷县学、祁县学、徐沟县学、清源乡学、交城县学、兴县学，各额进童生十二名，廪生二十名，增生二十名，二年一贡。岢岚州学，额进八名，廪生三十名，增生三十名，三年两贡。岚县学，额进童生八名，廪生二十名，增生二十名，二年一贡。平阳府学，额进童生十七名，廪生四十名，增生四十名，一年一贡。临汾县学、襄陵县学、洪洞县学、曲沃县学、太平县学、翼城县学，各额进童生二十名，廪生二十名，增生二十名，二年一贡。浮山县学，额进童生十二名，廪生二十名，增生二十名，二年一贡。吉州学，额进童生十二名，廪生三十名，增生三十名，三年两贡。岳阳县学、汾西县学、乡宁县学，各额进童生八名，廪生二十名，增生二十"③。由此，太原府学生员人数较之其他州学、县学人数要多，且为一年一贡，生员数额一般变化不大，有时生员数额会调整到其他州县。太原府学生员作为

① 张春根、杨万生编：《学府春秋——太原教育史话》，山西人民出版社2009年版，第18页。
② [清] 素尔讷等：《钦定学政全书》卷53《童试事例》。
③ [清] 昆冈等修，刘启端等纂：《钦定大清会典事例》卷375《礼部》。

贡生会进献朝廷，一年一贡，也叫岁贡。岁贡到京后一般都要经过廷试，经廷试录取的岁贡最初都先送国子监肄业。对考试不中的贡生则给予一定的处罚。到康熙二十六年（1687年）三月，取消了对岁贡生的廷试，"但由学政挨序考，准咨部选授本省训导"①，未提入国子监肄业。

第三，学生的待遇。关于官学学生的待遇，历代亦做出规定，官学学生可以在经济基础保障下安心读书。北宋熙宁四年（1071年），始命诸州置学官，定"赡士"之法，即官学正式学生均可享受官方供给膳食。崇宁三年（1104年）规定："凡州县学生，曾经公私试者复其身。内舍免户役，上舍仍免借，借如官护法。"②金代，各级官学的学生都由国家供养。自泰和元年（1201年）起规定赡学养士法，凡生员给官田六十亩，每年支粟三十石。兴定五年（1221年）月给通宝五十贯，后改为给每生田四十亩。明初确定，府州县学生员除本人免除徭役外，还"免其家差徭二丁"，即家中可有两人获免差徭。此外还免田赋二十亩，廪膳生员"日给廪膳"③。清代对生员"一应杂色差徭，均例应优免"④。《清史稿·选举一》曰："凡优恤诸生，例免差徭。廪生贫生给学租养赡。违犯禁令，小者府、州、县行教官责惩，大者申学政，黜革后治罪，地方官不得擅责。"⑤可见，生员不仅可以免除徭役，贫穷学生还可以获得学租以供给生活，生员一旦违反法令，小错误仅是教官予以惩戒，大错误需要学政罢黜生员资格而治罪，地方官员无权擅自处罚生员。清代廪膳生员还有固定膏火银发放，初每月银一两，每年九两六钱，顺治十三年（1656年）裁减三分之二，每生每年仅得银三两二钱。各学校按定额供给。其中，膏火银名额为府学四十名，州学三十名，县学二十名。既有一定的膏火银，家庭贫困不能维持生

---

① [清]赵尔巽等：《清史稿·选举一》，中华书局1977年版，第3106页。

② [元]脱脱等：《宋史》卷157《选举志三》。

③ [清]张廷玉等：《明史》卷69《选举一》。

④ [清]《清会典·仪制清吏司六》。

⑤ [清]赵尔巽等：《清史稿》卷106《选举一》。

计者，可享受学田租谷救济，获取贫困奖学金。生员还可以免除本人徭役，儒学生员与平民涉讼，平民须下跪且有过错要挨板子，生员则立而不跪，有过错须先送儒学老师处理，经老师禀请学台将秀才名分开革后，才能与平民一样受罚。可见，封建社会"士农工商"的等级制度中，生员作为士中一员，享有较高的政治经济地位。

此外，政府在兴办地方官学时，会以多种途径保障学校经费来源，如宋代时，宋仁宗诏赐兖州学田，宋神宗下诏给诸州学田十顷，都是从经济上保证办学。从此，各地官学实行以学田为主，政府资助、社会献田、捐资为辅，以及学校刻书创收为补充的多种途径相结合的筹资办法，保证了地方官学的存在与发展。太原府学因是地方官学，也有定额学田，以田租收入办学，学田收入用以周济增广、附学生员中的贫生。对生员贫乏者，官方亦予以赈助。①

第四，学生的学习、考试。太原府学文庙是开展儒学教育的重镇，学生的学习内容以儒家经典、名贤文章为主，分别设立《四书》《五经》《性理大全》《资治通鉴纲目》《大学衍义》《历代名臣奏议》《文章正宗》等。为禁锢生员的思想，培养封建社会忠实而循规蹈矩的知识分子，太原府学规定，儒家经典以外的书籍一律不准涉及。每日清晨，教谕在讲堂为诸生讲经，后由训导率各生于各斋诵读。晚上诸生就舍诵读，教官不时巡视。每旬逢三、六、九日讲书，作文另有约定日期完成。每月朔望两日，照例赴文庙拜谒先师，并升堂宣讲康熙《圣谕广训》、雍正《朋党论》、乾隆《训斥士子文》等。此外，学生还要学习礼仪。据《清会典·仪制清吏司六》载："凡教学，必习其礼事。"②恭遇万寿（皇帝诞辰）、元旦、冬至三大节拜龙牌，及春秋二仲月上丁释奠于先

① [清]《清会典·仪制清吏司六》。
② [清]《钦定大清会典》卷31、32《礼部》。

师，用赞礼（生）四人，以生员娴于礼仪者充之，并传令优等生员暨贡监等分班陪列行礼。居址稍远者，亦令轮班入城学习行礼。

为了及时掌握生员的学业情况，激励学生的学习以及为国家甄选优秀人才，地方官学会组织考试，考试与科举紧密联系在一起。具体来说，地方官学的生员考试分为两类，统由提学官主持。一类考试由教官考校，有月课、季考两种。月课每月进行一次。季考是春、夏、秋、冬每季考试一次，内容同月课，并且每月召集生员聚于明伦堂内，背诵顺治帝《训饬十子文》及康熙帝《卧碑》文。除丁忧、患病、外出从师以及不可脱身的事故外，一律不许告假。一年内有三次不参加月课者予以警告，一年内始终不参加月课、季考者革除名籍黜为民。月课、季考的试卷要送交学政查核备案；另一类是由皇帝特派的学政主持的考试。有岁试和科试两种。一般在学政三年任期内，第一年进行岁试，第二年进行科试。岁试对生员分别优劣，酌定赏罚。岁试实行"六等黜陟法"，即按成绩划分六等进行赏罚。

太原府学也如此，要举行岁试和科试两种考试。岁试每

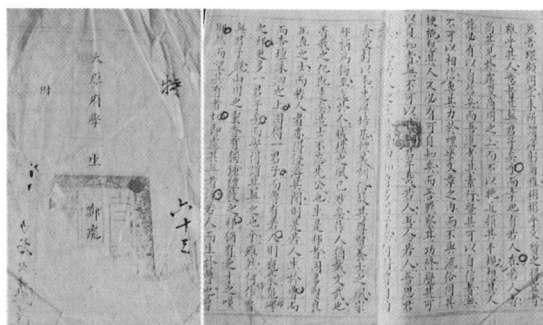

太原文庙大成殿珍藏的太原府学试卷

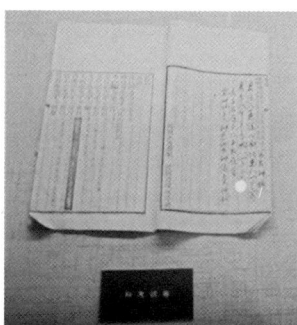

太原文庙大成殿珍藏的科举试卷

年举行一次，科试隔岁举行。岁试由县或府当局主试，亦称甄别。其内容为书艺二道，经艺一道，若在冬日，减试书艺一道。岁试试卷列为优等者可升等级，即附生补增广生，增广生补廪膳生。最优等的或在学时间最久的廪膳生，可升入中央的太学，为拔贡生或优贡生。科试试卷列优等者，则许以有应乡试的资格。对岁试、科试列为劣等者，给予降低等级处分，直至除名。

对于当时卖官鬻爵的情形和科举考试的黑暗，有歌谣曰："监生进文庙，圣人吓一跳，几时读的书，我怎么不知道？财神爷爷打一躬，说道：他是我的大门生。"①

当时对生员考试作弊会有严酷的惩处，顺治二年（1645年）谕令："如有怀挟片纸只字者，先于场前枷号一个月，问罪发落。"②到乾隆时，已形成定制。太原府学生员在考试时夹带亦受到严酷惩处。乾隆二十七年（1762年）壬午科乡试，山西考场，二场搜获太原府学生员王斗杓、忻州生员周日升、荣河县生员张建国三名，各夹带经文律诗。据各该省巡抚、学政奏报，对这些有夹带情弊的考生，均"当即照例枷号贡院门前示众"，"枷号期满究审治罪"③。

① 朱世英等主编：《民间歌谣精华评析》，解放军出版社2003年版，第275页。
② [清]《清朝文献通考》卷47《选举一》。
③ 中国第一历史档案馆编：《明清档案与历史研究论文选：1994.10～2004.10》下册，新华出版社2005年版，第1214页。

太原文庙大成殿收藏的科场夹带

太原府学兴旺，府学设施完善，管理分工明确，吸引了大批读书人，以盼读书入仕。明清时期太原人考取进士并被授予官职的人数逐年增多，以明正德、嘉靖年间为例，据乾隆《太原府志》记载：

> 正德十六年辛巳科杨维聪榜，高汝行，太原人，浙江副使。嘉靖元年壬午科乡试，沈民悦，进士，上太原卫人。……嘉靖五年龚用卿乡榜，霍鹏，太原右卫人，同知。嘉靖七年戊子科乡试，孙允中，进士，上太原右卫人。……嘉靖十二年甲午科乡试，侯汝谅，进士，上太原左卫人。嘉靖十四年乙未科韩应龙榜，沈民悦，太原前卫人，佥事。嘉靖十七年戊戌科茅瓒榜，侯汝谅，太原左卫人，辽东巡抚。嘉靖二十五年丙午科乡试，李希洛，太原左卫人，进士。嘉靖二十六年丁未科李春芳榜，孙允中，太原右卫人，给事中。嘉靖三十一年壬子科乡试，李应时，太原前卫人，户部员外。嘉靖三十二年癸丑科陈谨榜，李希洛，太原左卫人，户科给事中。①

就清代而言，太原府考取进士人数逐渐增多，以乾隆朝为例，据《明清进士题名碑录索引》及《历科进士碑名录》等记载：

> 乾隆四十年乙未科第三甲第八十八名，王绥猷，山西榆次人。
> 乾隆四十九年甲辰科第三甲第五十二名，要问政，山西太谷人。
> 乾隆五十五年庚戌恩科第三甲第十三名，庞士冠，

① ［清］乾隆《太原府志》卷38《选举》。

清光绪二十七年太原府儒学
办法学约（图片来源：孔夫
子拍卖网）

山西文水人。①

太原文庙学生不仅考取进士的人数日益增多，而且在儒学思想的影响下，太原府学的学生中不乏以死追随皇帝或以死殉国之人，据成化《山西通志》记载：

> 赵氏，太原右卫人，适太原府学生。景昌年十八，景昌没，赵哀痛几绝，恐家人欲夺其志，即自缢以殉。成化七年，旌表其门。②

太原府学生赵氏，景昌帝登基后猝死，赵氏哀痛欲绝，一心只想追随皇帝而去，最后终于自缢而殉葬，以表示自己对皇帝的忠诚。明成化七年（1471年），朝廷下令旌表其门，以示其对朝廷、皇帝的忠贞。此外，据《皇明四朝成仁录》记载，太原文庙生员朱霞在李自成攻入太原后，便投井而死，"其父慎铤，是秋八月"，李自成大杀宗室时，"怜慎铤老，释之，大呼曰：'吾晋府宗人已尽，义不独生！'贼杀之。"③

太原文庙的教师

第一，教师的选聘。据《元史·选举志一》，元代教授由朝廷任命，其中府学和上中州学教授初为正九品官，路学教授初为从八品，教授须五十岁以上，须经翰林院考试合格。元泰定元年（1324年），凡蒙古、色目人年三十以上，汉人、南人年五十以上并两举不第者，授予教授职。可见，教官之职有时用来安排不第举人。明代官学教师也有朝廷任

① 朱保炯、谢沛霖：《明清进士题名碑录索引》，上海古籍出版社1980年版，第2741—2748页。
② ［明］成化《山西通志》卷10《人物》。
③ ［清］屈大均：《皇明四朝成仁录》。

命，且规定了不同级别官学的教师人数及教师类别。明代规定"府设教授，州设学正，县设教谕，各一。俱设训导，府四，州三，县二。"①可见，明代地方学校府教授一人、训导四人、州学正一人、训导三人，县教谕一人、训导二人。教授、学正、教谕掌教诲所属生员，训导佐之。太原文庙按照此规定有教授一人、训导四人。清代官学的教师称谓与明朝相同，府学的教师称教授，州学的教师称学正，厅学、县学的教师称教谕，副职都称为训导。清朝地方官学教师也是国家的官员，教授为正七品官，学正、教谕都是正八品，训导为从八品。他们的直属长官是学政，仍需受地方长官的指导考核。清代制度规定，文官必须回避本籍，即本省人不得在本省做官。但教职以用本省人为主，但仍回避本府，即本府人不得在本府做教官。据资料记载，光绪初年，太原府学设教授一人，训导四人。②可见，太原府学文庙的教师均是国家任命、具备一定的学识素养并具有一定官阶，教师人数和年龄均有一定限制。

第二，教师的职责。政府在选聘教官时，从其学识、素养等方面进行选择，原因在于教官作为地方官学的教师，对一学士风及学风的影响弥足重要。教官负责三方面的任务，一是课试，即教官每日对生员的考课，具体程序是每日学官于明伦堂升堂，诸生画卯酉，升堂完毕，即各退回自己学舍自学，及夜，诸生各就舍诵读，学官时或临学。凡一月中三、六、九日，学官进诸生于堂，讲书作文。月考，与当今学子的月考相似，即每月末的时候学宫举行的考试。月考的内容，一般来说是"四书五经"的内容以及论和策等；二是严格管理生员，如三等簿是由朝廷规定，并由督学官监督教官执行的管理生员的手段；三是朔望及丁祭带领生员祭祀。这是文庙的一项重要活

① ［清］张廷玉等：《明史》卷69《选举一》。
② 王若愚主编，太原市南城区志编纂委员会编：《太原市南城区志》，红旗出版社2000年版，第597页。

动，也是在教官带领下完成。

第三，教师的待遇。《论语》有曰"自行束脩以上，吾未尝无诲焉"。孔子指出，他的学生只要初次见面时自愿拿十余干肉作为学费，他将会诲人不倦。教师教学要收取一定学费，而作为官学的教师还会按照官阶享受朝廷发给的俸禄。《汉书·百官公卿表》载："武帝建元五年，初置五经博士，秩比六百石。"[1]即教官博士的待遇是"相当于六百石"粮食的官员俸禄。此后，唐宋尤其是明清，官学教师的待遇更加明确，明代地方官学教官薪俸正式由朝廷列支并制度化。明初，府学教授为正九品，州学学正为从九品，为朝廷命官，教谕、训导由地方任命。其俸给为教授月支米一石五斗，学正一石三斗，教谕、训导各一石，钱、米按三七开兼支。此外，教官还享受公费供应的师生廪膳。清代教官品级初同明代，后定为每年俸银十九两五钱二分、薪银十二两。雍正十三年（1735年），府学教授为正七品，年俸薪银四十五两；州学学正、县学教谕为正八品，年俸薪银四十两；各学训导为从八品，准食正八品俸，亦为四十两。就清代文庙教官的待遇看，按照不同官阶发给薪金，清代一品文官岁俸银一百八十两，禄米一百八十斛；二品一百五十五两，禄米一百五十五斛；三品一百三十两，禄米一百三十斛；四品一百零五两，禄米一百零五斛；五品八十两，禄米八十斛，可见，文庙的教官级别比较低，薪金也相应低于高级别官员。

第四，教师的考核。有奖励就有考核和惩罚。政府在给予官学教师待遇的同时，会对其进行考核。通过政府对教官的监督和考核，以及失职之后的相应处罚规定，保证教官可以尽职尽责地完成教学任务。官学教官考核由学政主持，地方当局配合。"按其文行及训士勤惰，随时荐黜"①。据明洪武八年（1375年）所立学校条规，守令每月考查生员，亦为考查教官。"如一月某生某科学不进，则记载于簿。至此科三月不进者，罚此科训导月米半月，罚不过一月"。明洪武二十六年（1393年），"定学官考课法，专以科举为殿最"②。教官九年任满，核查所教生员考中举人人数，府学满九人、州学满六人、县学满三人者为最，又考通经，即与升迁。不够此人数为平等，即使通经，亦不迁官。举人至少及无者为殿，又考不通经，则黜降。③明万历三年（1575年），谕提学巡视学校时要考核教官。"其学行俱优者，礼待奖励。其行履无过，但学问疏浅者，一次考验，始行戒饬；再考无进，送吏部别用。老病不堪者，准令以礼致仕。若卑污无耻，素行不谨者，不必试其文学，即拿问革黜。"④清代对于教官教学教课不认真者，会有罚银、革职等处罚。据《清会典事例·吏部一百》载，雍正十二年（1734年）复准，"如教官内不力行课试，经上司查出，揭报咨参。计其月课季考废弛次数，每一次罚俸三月，二次罚俸六月，三次罚俸九月，四次罚俸一年。若视为虚文，将月课季考竟不率行者革职。"⑤雍正十三年（1735年）复准，"文武生员，如有犯聚赌、诱赌等事，该管教官自行查出详报者，免其议处。其失于稽察者，罚俸一年。若明知赌博，不行查报，别经发觉者，将该教官革职留任。至教官失察士子造卖赌具，即照溺职例革职。"乾隆三十七年（1772年）奏准，"贡监生员之内，如有学问优长、孝友可风，经府州县官及上司访闻得实，该教官勒掯不行举报者，照溺职例革职"⑥。

第五，教师的籍贯。洪武三十一年（1398年）三月丙辰，"上以天下学官多避贯除授，有北平、山西籍而选在两

① [清] 赵尔巽等：《清史稿》卷106《选举一》。

② [清] 张廷玉等：《明史》卷69《选举一》。

③ [清] 张廷玉等：《明史》卷69《选举一》。

④ 刘英杰主编：《中国教育大事典. 1840年以前》，浙江教育出版社2004年版，第107页。

⑤ [清]《清会典事例·吏部一百》。

⑥ 刘英杰主编：《中国教育大事典. 1840年以前》，浙江教育出版社2004年版，第108页。

广，两广籍而选在山东、北平者，语言不通，难于讲授，命吏部悉召至，改授旁近郡县"①。以前学官考虑到避讳籍贯而导致教学语言不通，影响教学质量和效果，从洪武三十一年（1398年）开始，综合语言、教学等因素，太原府学教授大多来自山西本省或距离山西较近地区。

诸多曾担任太原府学教授、训导等的人，有些还有名可考，其中不乏名人名士。据成化《山西通志》记载，明代担任太原府学教授有名可考的有如下人员。崔铸，明洪武二十三年（1390年），山西太原府儒学教授。辑迪，洪武二十八年（1395年）任太原府学教授。②邓友德，字成已，永乐元年（1403年）癸未科举人，曾任永新、岑溪二县教谕，升太原府学教授。张本，永乐三年（1405年）已酉科，曾任太原府学教授。张璐，河南安阳人，景泰元年（1450年）除垣曲县学训导，满考升平原县学教谕，成化六年（1470年）再升太原府学教授。刘焕，景泰元年（1450年）庚午科举人，曾任太原府学教授。周昭，山东泰安人，景泰元年（1450年）升太原府学教授，庚午科考应天乡试后升周府长史。刘季祯，江西泰和人，天顺八年（1464年），以江津县学教谕升太原府学教授，连考云南四川乡试致仕。③梁伦，字大经，直隶真定府井陉县人，原任后军都督府都事；升江西饶州府同知，改山西太原府儒学教授；升本县，正德九年（1514年）任。④姚宗道，邢台人，贡生，"教士克勤，屡署县篆，升太原府学教授。"蔡云程，字万里，治礼记，万历三十年（1602年）任太原府学训导。⑤许国，字忠甫，广济人，万历四十三年（1615年）举人；署太原府教授，升保定同知，左迁贵阳通判，致仕，归广济。⑥温性生，邯郸人，字大庭，学问渊博，尤长于诗、古文词；万历四十六年（1618年）进

① 《明太祖实录》卷256，见马剑东分卷主编《太原历史文献辑要·第4册，明代卷》，山西人民出版社2013年版，第401页。
② 曹立会著，政协临朐县委员会编：《临朐进士传略》，齐鲁书社2002年版，第247页。
③ ［明］成化《山西通志》卷8《名宦》。
④ 李文建主编：《嘉靖尉氏县志新注》，吉林人民出版社2010年版，第65页。
⑤ ［清］康熙《吴县志》卷7《贡生年表》。
⑥ 林久贵编：《湖北地方古文献研究》，崇文书局2009年版，第259页。

士，授大同府应州训导，后为灵寿教谕、太原府学教授，著有《遣兴吟集》《效颦集》《裘腋》等。曾作《桃花扇》的孔尚任，其曾祖父孔宏，孔子六十一代孙，字以斋，号淮州，初仕商河博士，再迁阳博士，太原府学教授。李环，天启七年（1627年）由太原府学训导升交城教谕。柳有辉，崇祯七年（1634年）由太原府学训导升大谷县教谕。南宫捷，崇祯十五年（1642年）由太原府学训导升代州学正，阳和府学教授。①由此，太原府学教授任职后，可以由科考进入仕途。同时，其他地方县学的训导、教谕经过选聘可以升为太原府学教授，而太原府学训导则可以升为其他低一级州学、县学的教谕或教授。

清代有名可考的太原府学教师有如下记载。据顺治《太原府志》，曾任太原府学教授有四名，分别为景文光、李烨然、盛时彦、隋景明，训导有七名，分别为仇文彬、刘三杰、刘有辉、王尔梅、阎梦麟、黄门俊、温存性。②据乾隆《太原府志》记载，曾任太原府学教授有三十一名，分别为冀铎、张国正、刘凤翔、栗增、张九经、冯玳、王光祖、李恭、孙能续、姚遵道、薛勋、唐文辉、李世文、张文节、黄桦、杨杰、张湛、张承光、王世业、杜科、裴栋、田保民、胡森、马从龙、张愿、王建业、刑桢、景文光、李烨然、盛时彦、隋景明；训导有四十三名，分别为王汝嘉、刘寓生、赵伦、乔维岳、潘希稷、贾云翼、王陈言、任朝乡、郇卿、贺寿、王世相、王家宾、胡习诗、令狐一道、马汝芳、任九叙、王杰、祝时雍、李凤引、古东郊、蔡道明、贾璉、冯沁、薛宛嗣、沈文焕、冯得宇、张文炳、白九韶、刘季金、段可教、袁希宪、李登第、袁永贞、刘三凤、侯卫、于思讷、仇文彬、刘三杰、刘有辉、王尔梅、阎梦麟、黄门俊、

① ［清］顺治《洪洞县续志》。
② ［清］顺治《太原府志》。

温存性。①

　　除上述根据《山西通志》《太原府志》整理的太原府学教师之外，据各地方志记载，曾担任太原府学教授、训导、训谕的还有以下人士。吕仲勉，嘉定县人，以明经荐，任太原府学教授。②上官铉，字玉铉，号松石，贤宣里人，顺治三年（1646年）丙戌科举人，顺治十六年（1659年）己亥科进士，任太原府学教授，历山东道、湖广道监察御史，官至左副都御史、太常寺少卿等，顺治十四年（1657年）与弟共同纂修县志，著《四柏轩集》。李方蓁，字仙叶，曲沃县人，顺治十四年（1657年）举人，曾任太原府学教授，曾编纂《阳曲县志》，并作《建立义学并置赡田记》一文，《阳曲县志》载"李方蓁，曲沃人，举人，任阳曲教谕，学问渊博，品行端方，严于自修，勤于课士"③。韩性善，康熙四十五年（1706年）进士，太原府学教授，正七品。聂蟾宫，雍正元年（1723年）恩科进士，授直隶平乡知县，调雩都知县，改太原府学教授。尹京卫，雍正元年（1723年）恩科进士，授太原府学教授。④高善祥，雍正己酉举人，庚戌进士，任太原府学教授，授文林郎，贵州瓮安县正堂。刘玉印，垣曲县人，雍正七年（1729年）乙酉科举人，乾隆七年（1742年）壬戌科进士，三甲第四十九名，曾任太原府学教授。郭肯堂，沁源县人，乾隆二年（1737年）丁巳科进士，官太原府学教授。⑤刘贽，字士舆，号雉野，又号稼庄，太平县（今襄汾县汾城）人，乾隆十九年（1754年）进士，以知县即用，因不耐吏事，请假归，乾隆三十八年（1773年）谒选入都，请改教职，寻选太原府学教授，兼充晋阳书院监院，院建三立阁，乃续增补辑成《三立祠传》二卷，附录一卷。⑥张程，沁源县人，乾隆六十年（1795年）乙卯科，历官太原府

① [清] 乾隆《太原府志》卷30《职官》。
② 上海市地方志办公室、上海市嘉定区地方志办公室编：《嘉定县卷》，上海古籍出版社2012年版，第2153页。
③ [清] 李培谦、华典修，阎士骧、郑起昌纂：道光《阳曲县志》卷12《政略》。
④ 王欣欣编著：《山西历代进士题名录》，山西教育出版社2005年版，第96页。
⑤ 王万旭主编：《帝舜故里垣曲人》，中国社会出版社2008年版，第22页。
⑥ 李晋林、畅引婷：《山西古籍印刷出版史志》，中央编译出版社2000年版，第222页。

学训导、阳城县学教谕。[①]董琮，嘉庆十八年（1813年）癸酉举人，嘉庆十九年（1814年）甲戌联捷进士，任太原府学教授。贾承福，嘉庆庚午举人，授太原府学训导，著有《四书题解》二卷及《何陋居文稿》《西岩诗集》。贺裕，崞县城关人，嘉庆丙子举人，善书画，著有《绰然斋诗赋文稿》《笺注九家诗集》。贾坊，道光六年（1826年）进士，曾任太原府学教授。李暎，字耀南，山西平定县人，诗文高古，兼善书法，在任太原府学训导期间曾留下传世行书《味和堂晋祠诗刻石》，笔势强劲，结字宽博疏灵，笔意练达飞动；运笔轻重收放奇姿间出，重则凝厚，轻则清劲，恰到好处，章法起落跌宕，耐人寻味。耿名臣，同治元年（1862年）进士，任太原府学教授。樊道明，同治间贡，任太原府学教授。[②]郝世俊，光绪二年（1876年）恩科进士，任太原府学教授。王善士，光绪六年（1880年）进士，曾任太原府学教授。张棨，字殳遗，号临甫，生于咸丰五年（1855年），初以廪贡生特授朔平府学训导，历署平鲁县、太原府学训导，坐补猗氏县学训导，光绪己丑恩科（1889年）乡试中亚元，由劳绩举班直隶即补知县，改铨陕西即补知县，诰授奉直大夫，钦加五品衔，赏戴花翎，工文善书，为清末崞县五大成名书法家之一。

同时，还有一些未标注详细，但曾任太原府学教授的，如路云汉，丁荣人，曾任太原府学教授。张斐，春木人，曾任太原府学训导。赵琴怀，长治人，曾任太原府学教谕。常周，怀仁人，曾任太原府学教授。韩友贤，忻州人，曾任太原府学教授。许珂鸣，曲沃人，曾任太原府学教授。

在这些教师中，有些是由太原府学训导升其他县学教谕，如顺治三年（1646年），王爱民由太原府学训导升阳城

① 董余三编著：《沁源县志（光绪版）》，北岳文艺出版社2006年版，第66页。
② 孔兆熊、郭兰田编著：《沁源县志（民国版）》，北岳文艺出版社2006年版，第256页。

县教谕，后任山东海丰县知县。有些是由其他地方的训导、教谕升为太原府学教授，如张荧宗，曾任孟津训导，升汤阴教谕，后升太原府学教授。[①]又如李在庭，庠生，博学多闻，教授勤谨，一时名士多为成就，任忻州学正，后升太原府学教授。[②]

还有一些太原府学教授，出身诗书世家，沿袭了家门家风，并注重以教育提升当地民众素质，且致力于改变当地不良习俗。

翟熠，"字青藜，山西闻喜人，中癸卯举人，官左云卫教谕，升太原教授。修学课士，正祭器，补名宦，乡贤木主，改建文中子祠，移后稷于三立书院"[③]。担任太原府学教授期间，翟熠"待士一如云川，考正礼乐，捐俸置龛十间，照正祀考，置名宦神牌一百三十位，制乡贤神牌一百九位，修文中子祠，奉檄纂修山西通志"[④]。翟熠的父亲翟梦杰，字季彦，以孝闻名，邑人称世德。翟熠的儿子翟垣，"孝友嗜学，建义塾于西门外，延师授餐以训后进。辛未岁荒，捐田租千斛，煮粥救饥。以举人令太平，严禁溺女，讲学课士，习俗一变"[⑤]。曾任太原府学教授的翟熠深受父亲好学的影响，同样喜好读书，任太原府学教授期间，谆谆教诲学子，修整太原文庙的乡宦祠等。其子翟垣深受翟熠影响，建立义塾且聘任教师教育学子，注重通过教育提升民众素质，改变不良风俗，使得当地风俗有所改变。

曾任太原府学教授的王执蒲则在父亲的教导和影响下尊师重教，钻研典籍，努力编撰方志，一门四人两代人完成了《平定州志》等志书的纂修。王执蒲的父亲王凝于康熙五十年（1711年）太原乡试科考中举，康熙五十二年（1713年），进京赶考殿试名列第三甲。在父亲的精心教导下，其

① 齐岸青主编，《古都郑州文化丛书》编纂委员会编：《郑州志.荥阳卷》，中州古籍出版社2006年版，第150页。
②《永和县志》卷8—9，第32页。
③《闻喜县志》办公室整理：《闻喜县志：民国七年版》，现代出版社1999年版，第269页。
④［清］刘士铭修，王鹥纂，山西省雁北行署地方志办公室、三晋文化研究会雁北分会整理，李裕民点校：《朔平府志》，东方出版社1994年版，第456页。
⑤《闻喜县志》办公室整理：《闻喜县志：民国七年版》，现代出版社1999年版，第267—268页。

兄王执信、王执璧分别被选拔为芮城县学教谕、洪洞县学教谕，王执蒲则先后被任命为壶关县、繁峙县学教谕及太原府学教授等职。三兄弟在晋地履职期间，不仅钻研当地的历史典籍和历代志书，而且治学严谨，奉公敬业，受到官方和教育界好评。乾隆年间，秉承父亲的编志事业，王执信分别以生员、教谕的身份，参加了乾隆十三年（1748年）《平定州志》八卷本和乾隆二十九年（1764年）《解州芮城县志》两部志书的纂修工作；王执璧以举人身份参加了乾隆三十四年（1769年）《平定州志》十卷本的纂修工作；王执蒲分别以壶关县、繁峙县教谕的身份，参加了乾隆三十五年（1770年）《潞安府志》四十卷本和乾隆四十七年（1782年）《直隶代州志》两部志书的纂修工作。①光绪《山西通志》卷110的《名宦录九》中，对王执信编志从教生涯做出如此记载："品优学邃，多士景从，增修学宫，续纂邑志，其功尤多。"②

此外，清代太原府学教师中比较有名的还有，历任经筵讲官、工部尚书、户部尚书、文渊阁大学士、刑部尚书、吏部尚书、《康熙字典》总修官等职的陈廷敬的弟弟陈廷宸。陈廷宸，字六篯，号两墅，长于诗，以明经初任太原府学训导，修复学舍，督促生徒，太原知府将其事迹作为二十七学所之典范。曾任太原府学教授的王大尧，字栋云，重庆市奉节梅魁人；光绪十九年（1893年）举人，光绪二十四年（1898年）赴京师会试，参加了"公车上书"；光绪三十一年（1905年）任夔州府中学堂学监，宣统三年（1911年）任县参事会参事、四川省参事会参事。

据《明太祖实录》记载，朱元璋曾召见太原府学训导，"洪武十三年九月辛丑，遣使召太原府学训导王观，阳曲县学训导李德彰用，给事中刘纬荐也"③。此外，还有康熙专门

① 王儒臣：《编修"四方之志"的两代人》，载《阳泉日报》2018年2月26日。
② [清] 光绪《山西通志》卷110《名宦录九》。
③ 《明太祖实录》卷256，见马剑东分卷主编《太原历史文献辑要·第4册，明代卷》，山西人民出版社2013年版，第401页。

赐太原府学教授的诗句：

赐太原府学教授何祖武

为省春耕历灞沣，銮舆频止劝农功。

柴门掩处烟村静，碧水长桥落彩虹。①

　　此外，提督山西学政汪灏被赐"敦伦典教"，印证了太原府学教授重视砥砺学行，不断推进地方教育的发展。②不仅如此，咸丰五年（1855年）十月二十日，皇帝亲颁圣旨于太原府学教授高日午的父母，勉励其教子之功。高日午，山西人，嘉庆举人，历任太原府学教授，著有《记事提要》等。

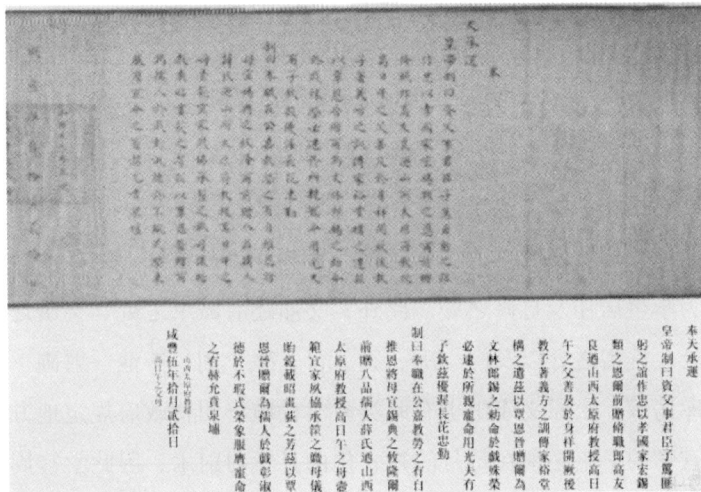

咸丰皇帝颁发于太原府学教授高日午父母的圣旨

（图片来源：周庆明主编《中国圣旨大观》，上海辞书出版社2006年版，第96页。）

① [清] 雍正《山西通志》卷182《艺文》。

② 安捷主编，太原市地方志编纂委员会整理：《太原府志集全》，山西人民出版社2005年版，第1272页。

太原文庙的教学

第一，教学内容与教材。文庙作为祭祀孔子和传承儒家学说的载体，其教学内容和教材势必根据儒家经典选定。南宋朱熹倡导以《论语》《孟子》以及《礼记》中的《大学》《中庸》篇为经学的基础教材，即"四书"。朱熹提倡先读《大学》，次读《论语》，再读《孟子》，后读《中庸》。明代科举"试士之法，专取四子书及《易》《书》《诗》《春秋》《礼记》五经命题"[1]。而"科举必由学校"，[2]学校成为科举考试的附庸，教学内容亦是"四书五经"。清代学校教学内容大体同明代，科举取士从"四书五经"命题，学校开设课程也如此。总体来说，文庙开设的课程有"四书五经"、《性理大全》《资治通鉴纲目》《大学衍义》《历代名臣奏议》《文章正宗》。可见，为了科举取士培养可以为朝廷服务的人才，太原文庙开设了相关课程，且不允许有所变更。

第二，教学设施。古代地方官办学校的教学设施，主体部分有殿、堂、斋、舍。殿为祭祀先圣先师之处，大成殿为文庙祭祀的主体建筑。堂为师生会课及教官办公之所，其中明伦堂为文庙教学的主体建筑。斋为学生分班肄业之处。舍为学生居住及自修之处。此外，文庙还有藏书之处、会馔之处、洗浴之处以及门、庑、廊、台、亭、阁、泮池、射圃、库房等。太原文庙中也有此类教学设施，明初政府规定地方官学的学生必须在每月的朔、望两日学习射术，因此学宫周围都辟有射圃，并建射亭。但是据乾隆《太原府志》记载，射圃此类的教学设施在此时已经荒废。

① 邝士元：《中国经世史》，上海三联书店2013年版，第368页。
② 李世愉、胡平：《中国科举制度通史·清代卷》，上海人民出版社2015年版，第61页。

太
原
文
庙
的

社
会
教
化

柳诒徵先生说："盖自汉以来，虽已举国崇奉孔子之教，而立庙奉祀，近于宗教性质者，乃由人心渐演渐深，踵事增华之故。"①文庙祭祀孔子以及儒家先儒先贤所形成的完备的祭祀系统和祭祀仪式，传达了社会文化价值，具备了社会教化职能，于传统中国社会的进步与发展息息相关。太原文庙集教育教学和祭祀功能为一体，向全社会传达了儒家学说的合法性以及学习儒家经典的必要性，有助于宣扬社会礼制和社会文化观念，对社会民众起到潜移默化的社会教化作用。民国时期，太原文庙被改作他用，或被改为图书馆，或被改为民众教育馆，其社会教育功能更加凸显。

太原文庙作为文庙时期的社会教化

首先，太原文庙传播儒家学说，成为民众思想信仰的物质载体。

从表面来看，文庙的设立以及不断的祭祀活动，其政治

---

① 柳诒徵：《柳诒徵中国文化史》，吉林人民出版社2013年版，第291页。

意蕴最为突出地表现在历代政权通过孔子祭祀取得了政权的合法性。历代统治者通过孔子学说实现了明伦纪、辨名分、正人心、端风俗的作用。正因为孔子儒家学说的重要性，以及儒家文化学说通过文庙传达和发扬光大，历代政权特别重视文庙祀孔，还会亲颁敕令等。以明成化四年（1468年）所立《重修孔子庙碑》为例，碑文对孔子之道进行了赞扬。碑文开头即说："朕惟孔子之道，天下一日不可无焉。何也？有孔子之道，则纲常正而伦理明，万物各得其所矣。不然，则异端横起，邪说纷作。纲常何自而正，伦理何自而明，天下万物又岂能各得其所哉。是以生民之休戚系焉，国家之治乱关焉！有天下者，诚不可一日无孔子之道也。"接着，碑文对孔子之道进行阐述："盖孔子之道，即尧、舜、禹、汤、文、武之道载于六经者是已，孔子则从而明之，以诏后世耳。故曰：天将以夫子为木铎，使天不生孔子，则尧、舜、禹、汤、文、武之道，后世何从而知之？将必昏昏冥冥无异于梦中，所谓万古如长夜也。由此观之，则天生孔子，实所以为天地立心，为生民立命，为往圣继绝学，为万世开太平者也。其功用之大，不但同乎天地而已。噫，盛矣哉！诚生民以来之所未有者！"[1]统治者重视和提倡儒家文化，对孔子后裔加以优渥，亲自到孔子故里进行祭祀，将儒家文化作为治国的文化基础。文庙是传达和承载正统文化的基地，是统治者传达统治思想的中介。太原文庙同样承担了此项社会教化职责，充分展示了历代封建王朝以文庙尊崇孔子及儒家学说的政治教化作用。

第二，太原文庙祭祀传达的礼仪，是人文教化的重要形式。

文庙祭祀从其祭祀规格讲多为中祀，也曾被短暂升为大

① 山东省曲阜市地方史志编纂委员会编：《曲阜市志》，齐鲁书社1993年版，第770页。

祀。经过千余年发展，文庙祭祀成为一种包含仪注、音乐、歌章、舞蹈等为一体的规模完整而庞大的官方祭祀仪式。这在一定意义上说明，文庙释奠礼在中国历史上颇受重视，也说明儒学在中国人文教化传统中的意义与价值越加得到肯定。释奠礼是一种祭祀礼仪，向民众传达礼仪规范。"祭礼，与其敬不足而礼有余也，不若礼不足而敬有余也"①，祭祀之礼对于培养为人之"敬"具有特别的作用。文庙祭祀中，祭祀对象的选取和不同祭祀对象的相应礼仪，向中国人传达的是对孔子及儒家先贤先儒的"敬"，而这个"敬"，不仅在于生活细节，更蕴含着对民众价值观的影响。不仅如此，作为祭祀孔子和历代先贤先儒的文庙，除了天下通祀的祭祀对象，还设有乡贤祠和名宦祠等附祀其他相关的祭祀、纪念人物，名宦祠附祀本地为官有善政的官员，乡贤祠附祀本地出身有嘉言懿行的士绅和在外地为官有善政的官员。

太原文庙的乡贤祠和名宦祠中供奉有在太原本地为官且政绩卓越的官吏，以及傅山等知名人士。由此观之，太原文庙作为设在太原府学中的礼制建筑，其教育的对象主要是获取初级功名的庠生，庠生经过乡试、会试考取更高一级的功名，或举人或进士，进入国家官吏队伍。作为后备官吏，他们在太原文庙内耳濡目染，接受成圣成贤的教育，也使得入祀文庙不再高不可攀，对于敦励风俗，教化乡里，起到了相当大的作用。

第三，太原文庙祭祀和从祀，使尊师重孝尊君文化得到更好的传承。

文庙祭祀孔子及历代圣、贤、哲、儒，是孔子和儒家文化最具代表性的物化象征，在传承传统尊师重孝尊君文化方面具有不可替代的作用。先师孔子与他的弟子没有血缘关

①《礼记·檀弓上》。

系，但彼此之间融洽亲密，孔子视弟子"犹子"，弟子待师"犹父"，人称其为"拟血缘亲"关系。[1]孔子去世后，其弟子为孔子送葬，随后守"心丧三年"，子贡甚至继续守丧三年。尔后，一些弟子流散四方，将孔子学说传播到各地，还有一部分弟子在"孔子家"居住下来，另一部分弟子和鲁人共百余室在孔子墓附近安家，形成村落，他们在这里按时祭祀孔子，举行礼仪。文庙内供奉有孔子的先祖和父母，甚至是从祀者的父亲等，无形地影响进入文庙之中学习的生员及民众，尊师重道尊君以及供奉先祖。此外，文庙传达了孔子"君君臣臣"的思想，生员必须要捍卫君主，这深刻地影响了太原文庙学生，前述所举太原府学生员朱霞、赵氏均是以死捍卫君主的例子。

第四，太原文庙的建筑，潜移默化地实现社会教化功能。

建筑，表面看起来是一种水泥土瓦和砖木修筑的物质实体，实际上通过人文设计、建筑规划，对民众传达和实现了一种教化。太原文庙的建筑格局、一砖一瓦，都体现了中国古老的传统文化，每一座门坊的名称，都是孔子儒家思想的凝聚与标识，意涵饱满，博大精深，如棂星门象征着孔子可与施行教化、广育英才的天镇星相比，又意味着天下文人学士汇集于此，统一于儒学的门下；大成殿的命名在于赞美孔子的道德、学问；泮桥又称状元桥，在科举取士的年代里，跨过泮桥，象征着登仕的第一步，泮桥承载了学子心中一生的期望。不仅如此，太原文庙的核心建筑区域之前，作为文庙的引导部分，所有建筑左右对称，传达了左右和谐的中庸思想。文庙后继部分为三路，东路是祭祀孔子上五代祖先的场所，西路是祭祀孔子父母的地方，典型地反映着中国尊祖敬宗、敬奉父母等儒家的礼乐文化。由此可见，太原文

① 杜泽逊主编：《国学茶座．第2期》，山东人民出版社2014年版，第40页。

庙有形的建筑物质遗产，承载着无形的儒家精神文化，传达了对儒家文化的诠释，成为知识分子和民众解读儒家文化的物质实体。

太原文庙作为图书馆时期的社会教化

以杜威为代表的美国图书馆学家赋予公共图书馆"社会教化"的信念，将其定义为"社会教育机构""人民的大学"。[1]太原文庙被改为图书馆后，担负了对民众的社会教育职责。柯璜在《〈山西省立图书馆目录〉序》中指出，"学校所以开图书馆之先，图书馆所以济学校之穷，互相因缘互相发展，进而解剖之，吾人学校受业之告终，即图书馆肄业之伊始。学校为有期有限之图书馆，图书馆为无期无限之学校"[2]。太原文庙改作山西省立图书馆时，主要从以下三个方面进行社会教化。首先，入库阅览。太原文庙改为图书馆时，有阅览室、阅报所，馆内所藏经史子集一万八千卷，东西各国科学书七百余种，这些图书对民众进行了潜移默化的教育。第二，参加讲座。山西省立图书馆经常在馆内举办讲座，聚集民众于其中，通过演讲者的讲授，启迪民众，宣传思想和学说。第三，参观陈列室。山西省立图书馆设有仪器陈列室、标本陈列室等，均是鲜活的器物，是清末民初罕见的器物，这些器物所赋予的科学理念，通过民众入馆参观而实现教育职能。

太原文庙作为民众教育馆时期的社会教化

山西省立民众教育馆成立于1933年10月，"以实施民众健

① 范并思等编著：《20世纪西方与中国的图书馆学：基于德尔斐法测评的理论史纲》，国家图书馆出版社2016年版，第60页。
② 山西省图书馆编：《山西省图书馆史料汇编》，山西人民出版社2003年版，第74页。

康、文字、公民、政治、生计家事、社交、休闲各种教育，并辅导本省各县民众教育馆之进行为宗旨"①，为山西省社会教化作出了相应的贡献。具体而言，太原文庙改为民众教育馆时，既继承了图书馆时期的职责，还创办了一些新的民众教育机构。

以其中的民众学校为例，山西省立民众教育馆成立了不同类型的民众学校，第一类为实验民众学校，初名"民众学校"，成立于1934年2月，校址位于山西省立民众教育馆内，是山西省立民众教育馆下设的第一所民众学校。第一期共招收男女学生七十余名，按年龄大小分设青年班和成人班，修业期限为四个月。1934年2月10日开学授课。6月12日起进行分科毕业测试，考试科目有国语、珠算、习字、周会、注音符号、唱歌等，青年班毕业二十四人，成人班毕业二十一人。第二类普通民众学校，共五所，经费由山西省立民众教育馆筹发，招收的学生入学年龄以十二岁以上、五十岁以下者为合格，主要开设国语、珠算、笔算、乐歌四门课程，每校设校长兼主任教员一人，兼任教员一人或两人，由本馆职员兼任，或聘请附设民校之小学校职教员兼任。民众学校以"简易之知识技能"为救济内容，教学形式多样，提高了民众适应社会生活的能力，同时开创了毕业后跟踪服务的教育模式，突破了"教育仅在校内实施"的传统观念，为近代中国社会教育理论的建构提供了实际依据。②

总之，太原文庙兼具祭祀和教育功能，且庙学合一、祭祀和教育相统一，符合儒家学派重视教育的初衷和追求。从唐代至清末，庙学不分，规制有前庙后学、左庙右学、左学右庙等。庙学合一的体制使历代儒士文人在这里接受了儒学的熏陶，尊经读经即成为学校教育的重要内容，为各个时期

① 山西省图书馆编：《山西省图书馆史料汇编》，山西人民出版社2003年版，第94页。
② 杨彩丹：《山西省立民众教育馆的"教育救济"——以民众学校为中心》，载《民国研究》2014年第1期。

培养了不同层次的学人。通过科举考试制度，文庙承担教育功能时为当时的封建社会输入了新鲜血液。自汉代，尤其是隋唐以后，儒学得到了长足的发展，并逐渐成为中华民族传统文化的主流，文庙则是这一主流文化的物质载体。国家掌管文庙祭祀，为了"庙以崇先圣，学以明人伦"的厉行教化的目的，统治者即以祭礼的形式实现"君君臣臣"理想化的社会礼制秩序。政治汲取"仁义礼乐"的儒家之道，为建立有序社会，实现专制统治提供基础。文庙作为承载祭祀孔子和传播儒学的物质载体，不仅代表古代祭祀孔子和追忆先祖的礼制，还代表着对儒学知识的学习和传承，具有意义深远的教育功能。

05>

太原文庙的建筑
及文化内涵

文庙在长期发展过程中，其建筑已经形成一种统一化的程式，建筑布局和建筑命名等都是统一的。因文庙级别不同、所处地区不同，文庙在规模以及建筑数量上有所区别。具体来说，文庙的建筑布局一般分为三部分，一为前奏部分，主要建筑有照壁、泮池、棂星门、礼门、义路、金声玉振坊、德配天地坊、道冠古今坊等；第二部分是主体建筑，是文庙的核心，也可以称为主祀部分，处于中轴线的中段，由大成门、大成殿、东西两庑组成，大成殿是祭祀孔子的主殿，而大成门是此院落的正门；第三部分是一些从属性建筑，也叫配祀部分，主要有崇圣祠、启圣祠、名宦祠、乡贤祠、奎文阁、文昌阁、尊经阁、碑亭以及一些附属建筑。以上建筑并非所有文庙都有，但是大成门、大成殿、两庑、照壁、泮池、棂星门、崇圣祠等大多数文庙都有。太原文庙作为府学文庙，规模较大，其建筑较为齐全。太原文庙严格按照孔庙建筑形制修建，整体建筑呈左右沿中轴线对称，以五座主体建筑构成中轴线，由南向北依次为影壁、棂星门、大成门、大成殿和崇圣祠，两侧修建有乡贤祠、名宦祠、廊庑等，从形制上体现中规中矩和等级森严的建筑文化。

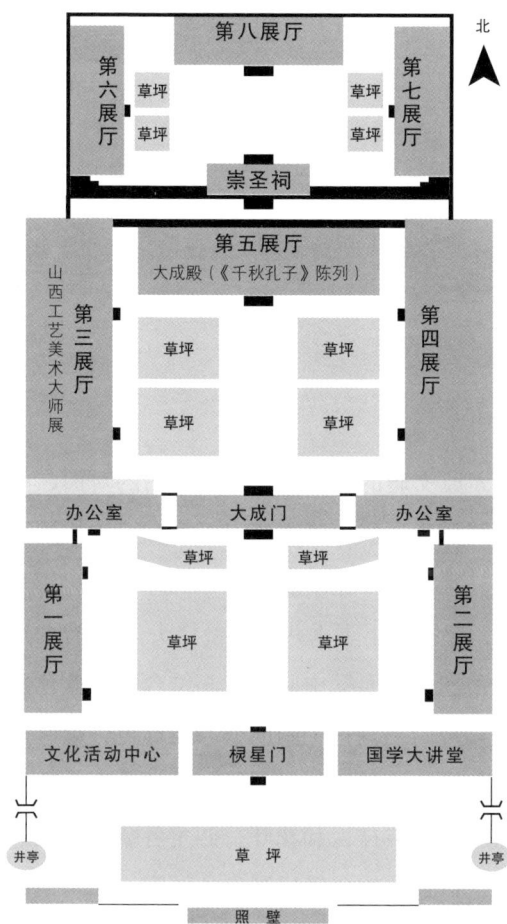

太原文庙平面布局图（据太原文庙大成殿展厅内图示绘制）

第一，照壁。太原文庙的照壁，位于棂星门的对面，与棂星门遥遥相对。照壁为石质束腰基座，下肩和墙顶均用蓝色琉璃瓦，须弥座，庑殿顶，檐下装饰重昂五踩斗拱，用垂莲柱分为五间四柱，垫拱板下下垂两个花蕾柱头。①正脊两边吻兽齐全，壁顶四角翘起。照壁中间与壁心结合处以蓝色琉璃竹节界隔，朝向棂星门一侧正中间的壁心为红色，镶有由二十五块蓝黄绿三色琉璃砖拼成长3米、宽3米的方心，装饰五彩二龙戏珠，点缀海水、祥云和花叶，四角各装饰一条五彩游龙，两端砖砌，以莲花纹勾勒出圆形主图案，四角镶嵌

太原文庙照壁

① 孔祥林、孔喆：《世界孔子庙研究》上，中央编译出版社2011年版，第181页。

花卉纹饰。其中，以双龙戏珠为影壁的纹饰在中国古建筑装饰中较为常见，因传说龙珠能避水火，故而文庙以此纹饰装饰，凸显了古人祈求文庙可以远离水火灾害、庇佑一方文庙兴盛的夙愿。

第二，棂星门。棂星门是太原文庙的大门，两侧分别为一对井亭和"义路""礼门"两座门楼。井亭为小平顶六角形，俗称"六角亭"，创建于明洪武十四年（1381年），系崇善寺的旧有建筑物。亭内原有水井两眼，因形似双目，取祥瑞而建。棂星门建于石阶高台上，是三间六柱带有斗拱的冲天式木牌坊，为四壁夹三门坊式砖木结构。棂星门三门结构相同，都是冲天双柱式歇山琉璃瓦顶，设栅栏门。中门较两侧门高大宽阔，主楼五昂十一踩，侧楼四昂九踩，三楼之间以照壁相连，照壁绿琉璃装饰，仿木结构，檐部设置单昂三踩斗拱，壁心装饰游龙，主楼两侧为升龙，侧楼外侧则为降龙，升降对比明显，匠心独运。冲天柱前后有石鼓夹抱，饰

太原文庙棂星门（图片来源：山西博物院）

柱斜撑，柱顶有琉璃筒帽。与三门相间有四组琉璃照壁，每壁正中浮雕盘龙，上有琉璃顶，下设须弥座。正中门檐下蓝底金字匾额楷书"棂星门"。棂星门前蹲卧铜、铁狮四只。

太原文庙的棂星门形制特殊，融合乌头门与牌楼两种建筑形制为一体，由三座一间两柱一楼冲天式棂星门并列而置，中间一座棂星门两侧两柱高出额枋呈冲天状，柱顶有琉璃云罐套头，并蹲坐朝天犼。两侧棂星门形制上较中间棂星门稍矮，亦为冲天式牌坊，柱头顶端套有琉璃云罐装饰。更为特殊的是，单独的门坊两侧均筑有琉璃砖墙夹壁，两端用更为宽大的影壁收头，中轴线正好经过棂星门主门，贯穿整体建筑，完全体现了主次有序以及对称有列的中国古代建筑之美。

三座棂星门间共筑有四座琉璃砖墙夹壁，门间的墙上镶有四个绿琉璃团龙，光彩夺目，两侧的黑色煤石盆景以及四尊古朴的立狮给人以细腻的视觉享受。棂星门最外两侧筑有两座灰砖制团龙影壁。四座琉璃夹壁为砖构造，采用须弥座，外表通体贴有黄、蓝、绿三色琉璃面。底座饰以各不相同的花卉图案，中部以凸点构成的壁心内饰以浮雕云舞团龙图案，檐顶两侧使用琉璃筒瓦，额枋以上饰以彩画。顶部壁檐仿木构建筑形式，有琉璃檐椽斗拱装饰，檐下斗拱明间为十一踩，两次间斗拱九踩，正脊饰以黄色琉璃鸱吻，在影壁琉璃斗拱中饰以黄色琉璃制的福禄寿三仙。在中间较高牌坊的两面均题写有蓝底金字"棂星门"三个字，应为仿清朝乾隆皇帝手书。"棂"字下面原本应有"巫"字，据说乾隆皇帝书写时，认为孔子一生敬鬼神而远之，"子不语怪力乱神"，所以去掉了"巫"字。

第三，宫墙。太原文庙的外围有一圈红色的宫墙，南侧

太原文庙棂星门的琉璃砖墙夹壁

与照壁相连，把整个文庙建筑和周围的其他建筑分离开来，形成了内外两个世界。太原文庙宫墙长20米，高5米，主材料为砖，内外饰以醒目的红色涂料。宫墙和围墙合二为一，与影壁在建筑功能上有着相同的分割作用。万仞宫墙的东西两侧为两道门，被称为"贤关圣域"或"礼门义路"。进出文庙，必须从宫墙两侧的"贤关圣域"或"礼门义路"出入。太原文庙现在依旧保存着旧制，可以看到明显的"贤关圣域"和"礼门义路"两门。

第四，牌坊。牌坊原来位于太原文庙的最南侧，后来移至太原文庙的西侧院门前。原牌坊后是一座大照壁，中间镶绿琉璃团龙。牌坊是一座三间四柱三楼式的木构建筑，中间坊心题有蓝底金字的"文庙"二字，引人注目。太原文庙牌坊间上额描金彩绘双龙戏珠，这在全国同类文庙的牌坊中相当少见，仅有北京国子监牌坊上有类似图案。在牌坊的次间

太原文庙牌坊

枋上绘有各式各样的彩画，纹饰精美。石砌的夹杆石共四对八个，每一对之间以铁箍拉紧。牌坊除有石砌的夹杆石外，前后还有八根戗柱支撑，以达到防风的效果。

第五，泮池和泮桥。太原文庙的泮池及泮桥，毁于"文化大革命"时期。2013年初，在清理大雪压埋的树枝时，发现在地下10厘米处埋有巨石。在专家考证下，最终确定泮池和泮桥修复方案，于2013年9月28日祭孔仪式前完成修复，恢复了太原文庙"瑞应宫墙柳，光生泮壁花"的景象。修复后的泮池呈半圆形，位于棂星门与大成殿之间的中轴线上。泮池东西长14.5米，南北宽7.6米，泮池深度2.1米。池边设置透瓶栏板，寻杖栏杆，下有云扶，方形望柱22根，雕刻有与大成殿相同的二十四节气望柱头。桥中央呈半圆形的拱，与水中倒影合成一个完整的圆形。石拱桥两侧中央位置雕刻有避水兽。泮桥栏板、望柱、柱头形式和材料与泮池栏杆完全相同。①

太原文庙泮桥与泮池（图片来源：图虫创意）

① 安海：《从建筑审美的视角走进太原文庙》，载《文物世界》2014年第3期。

太原文庙的主祀部分

第一，大成门。"大成"二字，出自《孟子·万章下》"孔子之谓集大成者"一语。大成门位于泮池之后，是正殿前的正门，因形似古代的兵器"戟"，故又称戟门。大成门有三门，为表示对圣庙的礼敬，遇有重大仪典才开启中门，平日均以两披门出入。大成门呈朱红色，每组扇门按照皇宫礼制共有一百零八颗门钉，左右各五十四颗，因为九是阳数之极，九的倍数一百零八更是礼制中的最高者，以此表示孔庙建筑规制之高。大成门的门槛甚高，意在进大成门谒圣庙者自然小心举措，端正举止，此举符合圣庙谨严的气氛。大成门建筑的式样一般为两边有对称的耳房，正中开门，中轴线贯穿其中。

太原文庙大成门，是太原文庙的第二道门，宫殿式建筑，面阔五间，单檐歇山顶，穿斗型梁架。大成门绿瓦飞檐，彩绘斗拱，金碧辉煌，由三个门组成。中为大成门，两旁披门，东曰"金声"，西曰"玉振"，门名取孟子"集大成者，金声而玉振之也"[1]语意。大成门正脊贴黄色琉璃砖，两端有蓝色琉璃鸱吻装饰。屋面覆蓝色琉璃筒瓦，椽头以虎眼

①《孟子·万章下》。

太原文庙大成门

彩画装饰，檐下梁枋上绘有枋心式如意头清式彩画，颜色鲜艳。正中悬挂有蓝底金字"大成门"华带立匾。在大成门两边还有两座规制较小的祠堂，大成门东侧被称为名宦祠，大成门西侧被称为乡贤祠。[①]

第二，大成殿。太原文庙的大成殿面阔七间，进深六椽，为单檐歇山顶，建筑面积693.12平方米。

太原文庙大成殿，其屋顶铺蓝色琉璃瓦，正脊贴有黄色琉璃瓦。在屋顶正脊的两端收束处，饰有黄色琉璃鸱吻。太原文庙鸱吻为典型的清式官式龙吻。大成殿两侧为东庑和西庑，是供奉先贤先儒之处。

整个大殿修建于宽大的雕石栏杆月台之上，突出了大成殿的庄重感。月台平面为长方形，长39.2米，宽22.8米，高1.4米，是祭孔仪式中表演乐舞的场所。月台四周为围栏式石阶，正南方设有刻着盘龙的御路丹陛，月台底部四周有雕刻精美的螭首，月台栏杆使用二十四节气望柱头。二十四节

① 太原市政协文史资料委员会编：《太原文史资料·总第十九辑·太原名胜古迹集萃》，太原市政协文史资料委员会1993年版，第89页。

气望柱头是中国官式建筑典型的望柱头形式，多用于皇家宫殿和文庙等重要官方建筑当中，在覆莲火焰式的柱头上刻有二十四道纹路，象征一年中二十四个节气。从整体建筑形制上看，太原文庙月台等级较高。

此外，大成殿中在康熙二十五年（1686年）、雍正三年（1725年）、乾隆二年（1737年）、嘉庆四年（1799年）、道光元年（1821年）分别颁"万世师表"匾额、"生民未有"匾额、"与天地参"匾额、"圣集大成"匾额、"圣协时中"匾额。

"万世师表"是康熙皇帝亲自书写的楷书，并下诏挂在大成殿梁上，突出孔子是万世值得学习的榜样，且德行与天地并列，而为后人参拜。"万世师表"一词出自《三国志·魏志·文帝纪》："昔仲尼大圣之才，怀帝王之器……可谓命世之大圣，亿载之师表者也"。从此，"万世师表"一词就成为赞颂孔子的专用词。从历史和现今来看，孔子的思想是中国

太原文庙大成殿（图片来源：图虫创意）

传统文化的重要组成部分，对中华文明产生了深远的影响，用这个词来盛赞孔子的贡献，实不过分。

"生民未有"是雍正三年（1725年）雍正皇帝亲笔题书，词语出自《孟子·公孙丑上》："有若曰：'岂惟民哉？麒麟之于走兽，凤凰之于飞鸟，泰山之于丘垤，河海之于行潦，类也。圣人之于民，亦类也；出于其类，拔乎其萃，自生民以来，未有盛于孔子也！'"意为自有生民以来，从来没有像孔子一样至高无上的圣贤，世上只出现了这一位圣人，所谓"生民未有"。

"与天地参"是乾隆二年（1737年）的题书，出自《中庸》："可以赞天地之化育，则可以与天地参矣"。"参"可以理解为"三"，"谓以天地并而立三也"，意为孔子的地位与天、地相并列而为三；也可作"参拜"讲，古人拜天拜地，而孔子足以与天、地相配而受到君臣和百姓的参拜。时值清朝鼎盛，文化空前繁荣，乾隆曾数十次亲自拜祭孔庙，对于孔子的赞颂也到了无以复加的地步，从他当时题写的一副对联可以看出：上联"气备四时，与天、地、鬼、神、日、月合其德"，下联"教垂万世，继尧、舜、禹、汤、文、武作之师"。

"圣集大成"是嘉庆皇帝于嘉庆四年（1799年）题写的匾额，"大成"出自《孟子·万章上》："孔子之谓集大成"。之后的历代帝王大多喜用"大成"一词赞颂孔子。乾隆三十三年（1768年），乾隆下诏令，孔庙大门增加"先师庙"额，正殿改称为大成殿，二门改称为大成门。嘉庆皇帝也以"圣集大成"匾额来赞颂孔子之圣道乃是继承和发扬上古圣贤之道而成。

"圣协时中"是道光皇帝在道光元年（1821年）的御笔

题书。"圣协时中"出自《中庸》："君子之中庸也，君子而时中"。"时中"是治理天下的根本，和谐才能达到天下大治。做到了中和，就可立于天地之间。此匾的寓意是赞扬孔子的中庸之道。

目前，太原文庙大成殿内孔子铜像左右上方两侧分别放置"万世师表""生民未有""与天地参""圣集大成"匾额。[1]

据道光《阳曲县志》记载，大成殿内供奉着至圣先师孔子神木，高二尺三寸七分，阔四寸，厚七分，座高四寸，长七寸，厚三寸四分，朱底金书；东西四配木主高一尺五寸，阔三寸二分，厚五分，座高四寸，长六寸，厚二寸八分，赤底墨书。东西十二哲木主高一尺四寸，阔二寸六分，厚五分，座高二寸六分，长四寸，厚二寸，赤底墨书。[2]东西两庑先贤木主尺寸与十二哲相同。目前，大成殿内安放有3米多高的孔了铜像。

① 刘文杰：《从太原文庙大成殿内的匾额谈起》，载《文物世界》2017年第5期。
② ［清］李培谦、华典修，阎士骧、郑起昌纂：道光《阳曲县志》卷3《建置图》。

第一，崇圣祠。崇圣祠也称"五代祠"，始建于嘉靖九年（1530年）。崇圣祠一般位于文庙大成殿正后方，用来供奉孔子五代先祖的殿堂。崇圣祠建筑礼制比大成殿略低一等，一般是绿瓦，也有黄瓦、灰瓦，有五间、七间等不同，有单檐，个别重檐，但大多是歇山顶，有些则是硬山顶。太原文庙的崇圣祠始建于嘉靖十年（1531年），属于建筑崇圣祠较早的文庙之一，[①]其建筑形制大体符合文庙崇圣祠一般建筑形制。太原文庙的崇圣祠在大成殿后，在第三进院落中，是由崇圣门、崇圣殿和东西配殿所组成的一个独立的院落建筑。崇圣门前，大成殿两侧辟东西小门，东曰"履中"，西曰"蹈和"。进入崇圣祠后，正中崇圣殿面阔五间，正面单檐歇山顶，背面单檐硬山顶，孔雀蓝瓦盖顶。东西配殿均面阔三间，灰瓦悬山顶。崇圣祠正位木主尺寸视先师，配位木主尺寸视四配，从祀主木尺寸视先儒。

① [清] 乾隆《太原府志》卷11《学校》。

太原文庙崇圣祠

第二，先贤祠与名宦祠。明代是文庙规模的大发展时期，明洪武初年增建名宦祠、乡贤祠。名宦是指"仕于其地而惠泽于民者"，即合格的父母官；乡贤是指"生于其地而德业、学行著于世者"，即当地德高望重的族人。乡贤和名宦原本在祠堂里供奉，到宋元以后才将乡贤名宦的祠祀移到文庙之中，到了明代，乡贤名宦在文庙的祭祀已经成为制度，通过对其供奉以起到感恩并激励后人的作用。

据道光《阳曲县志》记载，后期与太原文庙合并的阳曲学宫左名宦祠三间，右乡贤祠三间。其中名宦祠供奉有周鼎（金阳曲令）、颜瑜（元阳曲教谕）、陈溥（明山东参议，前阳曲令）、刘因（明南京应天府治中，前阳曲令）、王珠（明大同府通判，前阳曲县丞）、于天经（明阳曲令）、李选（明阳曲县丞）、徐守经（明监察御史，前阳曲令）、周永春（明礼科给事，前阳曲令）、宋权（清大学士文康公，前阳曲令）。乡贤祠供奉有郭奕（晋尚书）、郭澄之（晋南丰侯）、郭彦（后周澧州刺史，怀德县公）、刘昌阁（唐检校工部尚书代节度使）、冯恩（元集贤院大学士）、王守成（成府省志作诚，元左省丞）、阎崞（明贵州道监察御史）、周暄（明南京刑部尚书）、申纲（明松江府知府）、韩彰（明南京刑部尚书）、周经（明礼部尚书讼文端）、陈璧（明右副都御史）、许斌（明御史）、王槐（明苑马寺卿）、唐希介（明陕西按察司副史）、崔侃（明四川保宁府知府）、陈璘（明巡抚右副都御史）、张天相（明陕西布政使司右布政使）、张仲贤（明金都御史）、阎铎（明陕西按察司金事）、解瑛（明长清县知县）、张文明（明监察御史赠太常寺少卿）、刘乐（明浙江金华府知府）、侯伦（明南京户部侍郎）、张梯（明户部郎中）、唐颐（明陕西临洮府知府）、侯汝谅（明巡抚辽东金都御史）、王道行（明四川布政使司右布政使）、李希洛（明户科给事中）、万自约（明顺天府府尹赠工部右侍郎）、马维骃（明北直隶怀隆道副使）、李成名（明兵部左侍郎）、张凤奇（明北直隶永平府知府赠光禄寺卿）、任政（明南直隶泗州知州）、郭崇（明湖广府推官）、裴润（清赠通政司右参议）、李家选（崇祯丙子举人，湖南道参议）、赵杰（赠兵部职方司督捕郎中）、傅山、阎广居（湖南乾州厅同知加知府卫）。[1]

第三，文昌阁。与配祀建筑无关，但也是文庙的祭祀建筑，主要用来祭祀道教之神文昌——梓潼帝君。

第四，奎星楼。用以祭祀奎星。奎星是主宰文章兴衰的神灵，文庙中修建奎星楼和文人在此祭祀奎星，以祈求科举仕途功成名就。[2]

---

① [清] 李培谦、华典修，阎士骧、郑起昌纂：道光《阳曲县志》卷3《建置图》。
② 高文、范小平：《中国孔庙》，成都出版社1994年版，第29页。

太原文庙的教学建筑

第一，明伦堂。太原文庙明伦堂五楹，在大成殿后，上书匾额"整齐严肃"。文庙明伦堂讲学时所有学子必须穿着整齐，心存敬畏，严肃认真。明伦堂的东壁嵌有卧碑石，明伦堂西有万历年所修碑二楹，钟鼓各一悬。

第二，斋房。斋房东西各五间，左曰"诚意"，右曰"正心"。东斋房旁边小东房三间，西斋房旁小西房四间，都是嘉庆二十四年（1819年）新建。①新建东斋的北面有门通崇圣祠。

第三，敬一亭。敬一亭在明伦堂后面。太原文庙于嘉靖九年（1530年），即诏令后两年奉诏建立敬一亭，以《敬一箴》《视听言动四箴》规诫学子和士人。太原文庙敬一亭于嘉庆二十四年（1819年）重建，还增建了东西厢房各三间。②

第四，教谕宅。教谕宅是教谕办公和生活的地方，在敬一亭后，上房五间，东西厢房各四间，门楼一座，乾隆五十四年（1789年）教谕刘亦坦修，嘉庆二十四年（1819年）邑绅重建。③

① [清] 乾隆《太原府志》卷11《学校》。
② [清] 乾隆《太原府志》卷11《学校》。
③ [清] 李培谦、华典修，阎士骧、郑起昌纂：道光《阳曲县志》卷3《建置图》。

第五，训导宅。训导宅为训导办公和生活的地方，太原文庙的训导宅在明伦堂右门楼，前院北面厦房一间，小西房三间，内院西上房三间，南北厢房各三间，嘉庆二十四年（1819年）邑绅重建。①

总体来说，太原文庙的建筑厚重敦实，屋顶、墙壁均较厚，柱子梁架粗壮，且为标准的官式建筑造型。在遵照文庙建筑的总体要求下，太原文庙根据区域特色和文庙修建等级调整相应建筑，使得文庙建筑样式更加丰富多彩。

① ［清］李培谦、华典修，阎士骧、郑起昌纂：道光《阳曲县志》卷3《建置图》。

太原文庙人物考

06>

太原文庙可以追溯到宋金时期，历经千百年的兴废变迁，饱经沧桑，折射出不同时期人们对儒学的态度，在山西教育史中具有重要地位。太原文庙屡经磨难，其薪火依然代代相传，这期间地方官绅、文人学士、文庙师生作出了不朽的贡献。根据《太原府志》《山西通志》等史料所载，现将宋、金、元、明、清及民国时期有代表性的十九位人物的生平及其对太原文庙所作的贡献整理如下。

宋朝人物

李若谷

李若谷（970—1049），徐州丰县人，字子渊。"咸平二年（999年）进士，补长社县尉。天圣初，累官至判三司户部勾院。不满太后垂帘听政，故出使契丹陛辞之日，李若谷不向章献太后请旨，坐罪出知荆南府。后更历知潭、滑、延、寿、江宁、河南、并等州府，能抑豪强，治盗贼，兴水利，助穷人。"①据冯梦龙所撰《智囊全集》载：

> 李若谷守并州，民有讼叔不认其为侄者，欲擅其财，累鞫不实。李令民还家殴其叔，叔果讼侄殴逆，因而正其罪，分其财。②

太原地区在唐代以前就兴办了儒学，当时设在古晋阳城内。宋太宗焚毁晋阳城后，在新城（今太原市区）东南角建孔子庙，但当时的孔子庙体制鄙陋，规模狭窄，仅有祠堂而

① 杨倩描主编：《宋代人物辞典》上，河北大学出版社2015年版，第375页。
② [明]冯梦龙：《智囊全集》，中国财富出版社2012年版，第638页。

已。景祐年间，李若谷"首即庙建学，得赐田赡学徒，而人始乐教"[1]，太原文庙成为兼具祭祀孔子和官学功能的场所。宝元元年（1038年），李若谷权知开封府，拜参知政事，以宽厚待人，能调和矛盾；康定元年（1040年），因耳疾辞位，罢为资政殿大学士、吏部侍郎、提举会灵观；卒谥康靖。[2]《宋史》称"若谷性资端重，在政府，论议常近宽厚。治民多智虑，恺悌爱人，其去，多见思"[3]。

明镐

明镐（989—1048），字化基，山东安丘人。大中祥符进士。仁宗时任京东、益州转运使。西夏攻宋，为陕西转运使，以修城堡、训练靖边军著名。庆历七年（1047年），以河北宣抚副使佐文彦博镇压贝州王则起义。次年拜参知政事。病亡，谥文烈。《宋史》称其"安静有体，而遇事不苟，为世所推重"[4]。

庆历二年（1042年），明镐知并州，据韩琦所撰的《并州新修庙学记》载，明镐"又建礼堂于夫子之殿北，而讲始有容"。这种前庙后学是中国庙学极为常见的布局方式之一。后"因仍故基，地愈逼隘。其后生员浸广"，所以将庙学东西二偏殿供孔子弟子的房屋整修粉刷，以处生员，并在春秋两季举行奠祭先师孔子的典礼，设置酒食，行"三献"制度，"从祀官与学生、执事者不能遍列于庭，半立庙门之外"[5]。

① [宋]韩琦：《并州新修庙学记》，《安阳集》卷21，见[宋]韩琦撰，李之亮、徐正英笺注《安阳集编年笺注》上，巴蜀书社2000年版，第702页。

② 杨倩描主编：《宋代人物辞典》上，河北大学出版社2015年版，第375页。

③ [元]脱脱等：《宋史》卷97《列传第50》。

④ [元]脱脱等：《宋史》卷292《列传第51》。

⑤ [宋]韩琦：《并州新修庙学记》，《安阳集》卷21，见[宋]韩琦撰，李之亮、徐正英笺注《安阳集编年笺注》上，巴蜀书社2000年版，第702—704页。

韩琦

韩琦（1008—1075），字稚圭，自号赣叟，河南安阳人，北宋政治家、名将。天圣五年（1027年）进士。累迁右司谏，曾一次劾罢宰执王随等四人，为时论所称。后与范仲淹一起参与西夏战事，在兵间久，时称"韩范"。"庆历新政"失败后，出知扬、郓、定州，拜武康军节度使知并州。嘉祐元年（1056年），入朝为枢密使；三年，拜相，累封魏国公。韩琦"相三朝，立二帝"，当政十年，号称贤相，卒后谥曰"忠献"[1]。清咸丰二年（1852年）从祀孔庙东庑，称先儒。

韩琦"居则治民，出则治兵"[2]，在并州任职期间，尽其所能为民兴利除弊，且重视州学。他重新选择了校址，建立了新州学，并在入学学规的基础上参照洛阳等大城市州学的学规，制定了一个符合并州情况的新学规。[3]韩琦对庙学尤为重视，"奏隰州司户参军牛景充教授，以专学职"。至秋收时节，民安事简，韩琦开始扩建和重修太原文庙，在其所撰的《并州新修庙学记》中谈到太原文庙修复后的风貌，"然后广殿耽然而雄，睟容俨然而尊，颜氏以降诸弟子、孟氏以降诸大儒，或像而侍，或图而列，次序于堂庑之间，焕然大备……南书楼、北讲堂、东西斋舍、庙学异门。又设射侯于庙学之间，以备男子之习。至于起居饮食之事，必严其所，俾称是焉。"[4]韩琦在文中强调，庙学不是教人窃禄之地，生徒取进士不是为富贵，而是为国家行治之道。

① 杨倩描主编：《宋代人物辞典》上，河北大学出版社2015年版，第222页。
② 四川大学古籍整理研究所编：《全宋文》第十五册，巴蜀书社1991年版，第28页。
③ 华惠主编：《机智勇敢——司马光》，辽宁人民出版社2017年版，第43页。
④ ［宋］韩琦：《并州新修庙学记》，《安阳集》卷21，见韩琦撰，李之亮、徐正英笺注《安阳集编年笺注》，巴蜀书社2000年版，第702页。

完颜宗宪

完颜宗宪（1108—1166），金朝大臣，女真完颜部人，兼通辽、汉字。从宗翰攻宋，破汴京，众人争抢府库财物，宗宪独取图书以归。朝廷议制度礼乐，他反对因循辽制，主张远引前古，成一代之法。授昭武大将军、累官尚书左丞，摄门下侍郎，转行台平章政事。天德元年（1149年），为中京留守、安武军节度使，封河内郡王。改太原尹，进封钜鹿郡王。正隆间，再迁震武、武定军节度使。大定元年（1161年），世宗即位，完颜宗宪任中都留守。历任西京、南京留守。召为太子太师，后拜平章政事，进拜右丞相。[①]

据赵沨《太原府学文庙碑》碑云，"府旧有学，离兵革之后，荡毁无余"。自天会至明昌间，屡经修复。靖康之役，太原文庙遭遇兵乱而被毁。金天会九年（1131年），耶律资让感慨太原文庙年久失修，"但取故官舍余材以成之"[②]。正隆初，完颜宗宪为太原尹，他在耶律资让时期的基础上对太原文庙

① 邱树森主编：《中国历代人名辞典》（增订本），江西教育出版社1989年版，第635页。
② [金]赵沨：《太原府学文庙碑》，见[清]张金吾编纂《金文最》，中华书局1990年版，第1107—1108页。

稍加修缮。①

张大节

张大节（1121—1200），字信之，山西五台人。性刚直，能勉励后进。善下棋，被推为当世第一。天德间，擢进士第，为崞县丞。金世宗大定二十四年（1184年），渐迁太府监。同年八月，为贺宋生日使，出为横海军节度使，任上捕获盗贼，修理河堤治理水患，政绩卓著。章宗即位，迁中都路都转运使，历知太原府、大兴府、广宁府事，至震武军节度使。致仕。承安五年（1200年）卒。②

张大节一生廉勤好学，果于从政，能得君知。当张大节请求辞官退休时，章宗没有允许，改任张大节知太原府，因为并州、代州是他的家乡，以此显示对他的优待。明昌二年（1191年），张大节出尹太原，"以宣布教条、淬励风俗为己任"。一到任，即去太原文庙参拜先师孔子，当见到文庙"栋宇卑陋，陛庑狼藉"的情形时，他非常担忧，于是"撤故就新，始自大殿，重加整饰，周以翠甓，华而不侈，孝礼为宜"③。与此同时，张大节增治殿宇、讲堂、斋室，使堂、斋、库、庖齐备。

张大节亲自到文庙视学，考察诸生学业。正是在这样的学习环境下，明昌二年（1191年）科举登榜者有七人出自太原文庙，其中，还有一个词赋状元是太原王泽。赵沨对此感慨道："并、沧皆古名镇，以学校之废，故久无登科者。一旦兴学，二人继成大名，则知张公教养之勤，岂非其效验耶？"④除徐晅、王泽两位状元外，吕造这一词赋状元曾受过张大节的教导，张大节对此自豪地说道："龙津桥上黄金榜，

① 李桂芝：《辽金科举研究》，中央民族大学出版社2012年版，第238页。
② 黄惠贤主编：《二十五史人名大辞典》下册，中州古籍出版社1997年版，第226页。
③〔金〕赵沨：《太原府学文庙碑》，见〔清〕张金吾编纂《金文最》，中华书局1990年版，第1107—1108页。
④ 安捷主编，太原市地方志编纂委员会整理：《太原府志集全》，山西人民出版社2005年版，第1325页。

三见门生是状元。"①

王泽

王泽（1160—1220），字泽民，山西阳曲人。明昌二年（1191年）辛亥科词赋第一人。王泽中状元后，被授为翰林应奉。章宗时，王状元在翰林时，宋使进枇杷子。章宗令翰林官作诗，王泽上奏说：小臣不识枇杷子。只有王庭筠诗成，皇帝喜之。②

王泽曾在张大节修复的太原文庙内求学，经其指授，卒成大名。

赵沨

赵沨（？—1196），金代诗人、书法家。字文孺，号黄山，山东东平人。大定二十二年（1182年）进士，官至礼部郎中。性冲淡，尤工书，体兼颜（真卿）、杨（凝式）、苏（轼）、黄（庭坚）；篆书与党怀英齐名，时称"党赵"。诗作"真而不朴，华而不绮"③。著有《黄山集》，已佚。元好问称其书"如深山道人，草衣木食，不可以衣冠束缚，远而望之，知为风尘表物"④。

赵沨曾受张大节所邀，为太原府学文庙撰文，即《太原府学文庙碑》，该文首先论述了学校教育是培养人才的重要途径，但因太原是重要的军事重镇之一，故无暇顾及学校教育。其次，重点介绍了张大节知太原府时，其对太原文庙的修缮情况和当时的教育教学情况。最后，赵沨对当今的贡举取士制度进行高度评价，并勉励诸生业精于勤。

① 王庆生：《金代文学家年谱》下，凤凰出版社2005年版，第786页。

② 王鸿鹏等编著：《中国历代文状元》，解放军出版社2004年版，第214页。

③ 岑久发主编：《书画篆刻实用辞典》，上海书画出版社1988年版，第127页。

④ 马博主编：《书法大百科》第九册，线装书局2016年版，第104页。

王庭筠

　　王庭筠（1151—1202），字子端，自号黄华山主，又称黄华老人。大定十六年（1176年）进士，历仕州县。章宗朝，召入馆阁，为翰林修撰，因事解职。晚年起复，再入翰苑。泰和二年（1202年）卒，年五十二。王庭筠文采风流，早有诗名，工书善画。著有《黄华集》七卷，存词十二首。[①]碑刻有《博州重修庙学记》《太原重修学记》等。

---

① 孙克强、岳淑珍编著：《金元明人词话》，南开大学出版社2012年版，第43页。

王利用

　　王利用，字国宾，通州人。延祐间，由翰林出为河东山西道按察副使，文学、政事，朝野名士皆交口称赞。[1]他曾撰《太原府学明善堂记》一文，"然则教化风俗之所出，舍儒学何适哉！"开篇即指出儒学的重要价值，紧接着对当时太原文庙庄严典雅的情状进行描述，"太原庙学，连甍接栋，丹璧辉映，严而有制，靡而不渝，高明壮丽，为诸郡冠"[2]，进而介绍了前人李若谷等人对太原文庙的整修情形，如扁其堂之楣曰"明善"，赐田赡学徒等，而后介绍刘公在政事之余，在明善堂"倡诸生群吏，阅习于是，审问于是，慎思笃行—审于是也"，接着指出太原府学教授王弘嗣希望王利用能为太原府学明善堂刻碑文，以振激士风，铭记明善堂历史。王利用同意其请求，在戈提学之铭刻的右边刻下对太原府学学子的劝诫。

---

① 安捷主编，太原市地方志编纂委员会整理：《太原府志集全》，山西人民出版社2005年版，第954页。
② ［元］王利用：《太原府学明善堂记》，见［明］成化《山西通志》卷13《集文》。

明
朝
人
物

胡谧

胡谧，字廷慎，浙江会稽人。明景泰进士，官江宁知县、山西督学佥事、山西按察副使、河南按察副使、广东右参政等。曾致力于地方志之纂修。胡谧对方志理论亦有涉及，主张纂修方志要注重实地调查，"虽密林邃谷，豺虺之地，靡不周历"[①]；又强调广采文献，凡前史、旧牒、碑碣皆一一采摭。[②]

成化十一年（1475年），纂成《山西通志》十七卷，分门载述建置沿革、国名、郡名、州名、县名、分野、疆域、风俗、形胜、山川、城池、关塞、津梁、烽堠、宗藩、公署、学校、仓场、驿递、祠庙、陵墓、寺观、土产、户口、田赋、兵备、古迹、名宦、人物、圣制、集文、集诗、碑目等。人称此志"质而不俚，详而有体"。《山西通志》对太原文庙的历史、建筑、诗联等有详细的记载，为后人研究太原文庙保留了重要史料。

① [明]成化《山西通志》沈钟序。
② 黄苇主编：《中国地方志词典》，黄山书社1986年版，第249页。

刘储秀

　　刘储秀（1483—1558），字士奇，号西陂，陕西西安人，正德九年（1514年）进士。除刑部主事，累迁湖广按察，历户部侍郎，终兵（户）部尚书。[1]刘储秀当时诗名很大，与亳州薛蕙、关中张治道、胡侍等人诗文唱和，时人号称"西翰林"，著有《西陂集》四卷。嘉靖七年（1528年），刘储秀任山西提学副使。雍正《陕西通志》载，刘储秀任山西提学副使期间，"崇雅黜浮，士风丕变"[2]。刘储秀曾撰《府学石刻圣教序跋》，原碑已佚，碑文记载如下："字至于晋，晋至于王，王于行已极矣。黄庭兰亭楷也，荷华札草也，潞已俱刑矣，行如圣教序独可缺乎哉？故今阳曲崔尹廷槐以诏原生卫模贞珉而布诸学宫云。或曰儒释不同。崔曰取其书不取其人，况非是莫好，即此是学，其即程伯子主敬之意。"[3]

① "兵部尚书"一说据明代王世贞《弇山堂别集》卷50；"户部尚书"一说，据瞿冕良《中国古籍版刻辞典》，苏州大学出版社2009年版，第247页。
② ［清］雍正《陕西通志》卷60《人物六》。
③ 魏民主编：《三晋石刻大全·太原市杏花岭区卷》，三晋出版社2011年版，第322页。

清朝人物

傅山

傅山（1607—1684），明末清初文学家，初名鼎臣，字青竹，后改青主，别号颇多，如公之宅、石道人、嗇庐、侨黄等，不一而足，山西太原人。出身于官宦书香之家，家学渊远，自幼受到严格的家庭教育。博闻强记，读书数遍，即能背诵。明亡之后，出家为道。傅山工诗文，善画工分隶，精金石篆刻，又通医学，晚年资以自给。一生著述甚丰，有《霜红龛集》《两汉人名韵》和《傅氏女科》等。[1]

傅山十五岁应童子试，拔补博士弟子员，入太原府学。他在太原府学读经时，认为举子业与自己豪侠奔放的性格不符，所学课程经文太窄，"乃纵读十三经诸子百家言"，是个"经子齐观"论者。他认可诸子百家，互相争鸣，各自变法，学术倡明，思想自由，各具特点，皆有长处。[2]傅山作为本地知名的思想家和书法家，是太原文庙乡贤祠供奉人物之一。

① 滕森编著：《史说中国大讲堂》，中国华侨出版社2018年版，第342页。
② 庞利民：《晋商与徽商》上，安徽人民出版社2017年版，第293页。

刘宏遇

刘宏遇（？—1661），辽东人，汉军正蓝旗，清初官员，历任安徽巡抚、山西巡抚。顺治十八年（1661）九月卒于官，祀山西名宦祠。据《清史稿》记载：

> 久之未用。崇德元年，上疏乞自效，命大学士范文程等试之，授弘文院副理事官。
>
> ……
>
> 今捕治余寇，日需输挽。值二麦未收，秋禾遇蝗灾，农失耕时。得旨，下所司蠲赈。又与总督佟养量、总兵刚阿泰剿五台山寇刘永忠、高鼎，降陕西土寇杨茂。
>
> 宏遇抚山西四年，建忠烈祠祀守土诸臣死姜瓖乱者，并修太原、阳曲学官，筑汾河诸堤，山西民诵其惠。旋以捕治土寇未入奏即籍没，给事中张论宏遇专擅，寻奉诏甄别督抚，宏遇左授福建督粮道。十八年，卒。①

刘宏遇任山西巡抚期间，因太原文庙久遭雨水且经常坍塌，于清顺治十一年（1654年）对其进行重修，赢得了民众的认同，裨益于儒学的不断传播和学子的学习。②

陈廷宬

陈廷宬（1650—1710），泽州人，字六箴，号两墅，陈廷敬之弟，清康熙年间岁贡生。初任太原训导，修复学舍，督促生徒，知府将其事迹作为二十七学所之典范。后继补平阳训导，调任广东钦州金判，不久转湖广郧阳通判。曾挖修

① [清] 赵尔巽等：《清史稿》卷226—卷307，吉林人民出版社2005年版，第7578页。
② 安捷主编，太原市地方志编纂委员会整理：《太原府志集全》，山西人民出版社2005年版，第971页。

渠道，浇灌民田三千余顷。兴国县有久悬不决之疑案，一次审讯，立即辨明。升为罗定知州，百废俱兴，受到百姓的赞扬。长于诗，著有《梅庵遗稿》《自怡草》《信口吟》《北上怡怡草》等。[①]

翟熠

翟熠，闻喜人，字青藜，清举人。“官左云卫教谕，升太原教授。修学课士，正祭器，补名宦，乡贤木主，改建文中子祠，移后稷于三立书院”[②]。翟熠的父亲翟梦杰，字季彦，以孝闻名，邑人称世德。曾任太原府学教授的翟熠深受父亲孝顺好学的影响，同样喜好读书，任太原府学教授期间，谆谆教诲学子，修整太原文庙的乡宦祠等，“待士一如云川，考正礼乐，捐俸置龛十间，照正祀考，置名宦神牌一百三十位，制乡贤神牌一百九位，修文中子祠，奉檄纂修山西通志”[③]。翟熠之子翟垣，“孝友嗜学，建义塾于西门外，延师授餐以训后进。辛未岁荒，捐田租千斛，煮粥救饥。以举人令太平，严禁溺女，讲学课士，习俗一变”[④]。其子翟垣深受翟熠影响，建立义塾且聘任教师教育学子，注重通过教育提升民众素质，改变不良风俗，使得当地风俗有所改变。

张之洞

张之洞（1837—1909），字孝达，又字香涛，晚年自号抱冰老人，河北南皮人，晚清洋务运动的重要首领之一，近代重工业的创始人，创办汉阳铁厂、湖北枪炮厂、湖北纺织四局和筹办芦汉铁路等，亦为晚清著名教育家。[⑤]同治二年

① 马甫平编校：《皇城陈氏诗人遗集》，山西古籍出版社1998年版，第69页。

②《闻喜县志》办公室整理：《闻喜县志：民国七年版》，现代出版社1999年版，第269页。

③［清］刘士铭修，王霷纂，山西省雁北行署地方志办公室、三晋文化研究会雁北分会整理，李裕民点校：《朔平府志》，东方出版社1994年版，第456页。

④《闻喜县志》办公室整理：《闻喜县志：民国七年版》，现代出版社1999年版，第267—268页。

⑤ 湖北省地方志编纂委员会编：《湖北省志人物志稿》第1卷，光明日报出版社1989年版，第414页。

（1863年）进士，授翰林院编修，后历任湖北学政、四川学政、内阁学士、山西巡抚、两广总督等职。张之洞注重教育，对清末教育有很大的影响，著《劝学篇》，推明"中学为体，西学为用"之说。

光绪七年（1881年），时年四十四岁的张之洞出任山西巡抚。也就是在这一年，汾河决堤，原在城西县前街一带的太原府城文庙，毁于大水。府城缙绅学士，集聚府衙请求太原知府出面重建。太原知府把府城众文士的联名书上呈山西巡抚张之洞，请巡抚大人定夺。当时张之洞就任抚台不久，为稳定太原文人之心，决心重建一座规模更大的文庙。他倡导集资，并亲自选址，没有动用公款，于同治年间焚毁的崇善寺废墟之地上，很快建起一座规模宏伟的新文庙。新建的文庙，占地4万多平方米，由亭、殿、门、庑、祠组成三进院落，利用前崇善寺未毁的零星建筑，较之原庙更为庄重。①

王大尧

王大尧，字栋云，重庆奉节县吐祥梅魁人，清朝孝廉，光绪十九年（1893年）举人。光绪二十四年（1898年）与同为举人的陈正学赴京师会试，参加康有为、梁启超发起的"公车上书"。曾任太原府学教授。光绪三十一年（1905年）任夔州府中学堂学监。宣统三年（1911年）任县参事会参事、四川省参事会参事。②

① 继祖、红菊：《古城衢陌——太原街巷揶阖》，山西人民出版社2009年版，第28页。
②《夔州诗全集》编辑委员会编：《夔州诗全集》民国卷下，重庆出版社2009年版，第1144页。

民国人物

柯璜

柯璜（图片来源：山西博物院）

柯璜（1876—1963），字定础，号绿天野人，浙江黄岩人。毕业于京师大学堂。曾任山西大学美术教员、山西博物馆馆长、山西图书馆馆长、北京故宫博物院陈列所主任等职。抗战期间避居重庆，以鬻字卖画为生。抗战胜利后，曾任蜀中艺术专科学校校长。新中国成立后，当选为中国美术家协会理事、西南区美术工作者协会主席兼重庆艺术专科学校校务委员会主任委员。1957年由四川赴山西，任中国美术家协会山西分会筹备委员会主席。1963年逝世，终年八十七岁。[①]

柯璜在山西提倡妇女天足和戒烟，以改变社会陋俗。柯璜服膺孔学，终生尊崇，为宣扬孔学、捍卫孔学，一直在文庙住了二十六年。以柯璜为首的一些守旧派文人，响应读经活动，发起尊孔社团"宗圣会社"，以弘扬国学为修身、齐家、治国之本，呈南京临时政府教育部社会教育司备案，并

① 丁天顺、许冰编著：《山西近现代人物辞典》，山西古籍出版社1999年版，第343页。

出版了弘扬孔教的《宗圣学报》。当时正值新文化运动的酝酿期，其间许多不同思想相互碰撞。柯璜在太原文庙苦心教育，钻研孔教及儒学二十余年，同兰承荣等人请倡设圣庙教育馆。在他们的不懈努力下，山西省教育图书博物馆在1919年10月10日终于落成，柯璜任副馆长。这是山西第一座博物馆，与南通博物苑共同开创了中国近代博物馆的先河。为弥补藏书不足之"缺憾"，柯璜曾派人"赴日本调查图书馆、博物馆设施，购买标本、仪器、图书，并接收了留日预备学校停办移交的部分图书，同时向社会发出征书启事，以求名人书籍"。[①]

柯璜一生历经晚清、民国和新中国几个不同的历史时期，见证了近现代中国的风云变幻，无论在何种情势下，爱国始终是他为学为艺为人的第一信条，人品始终是他诗品书品画品之上更高更远的追求。1931年，"九一八"事变爆发，日寇悍然侵占东北三省，柯璜义愤填膺，挥笔写就《"九一八"告日本书》，印成传单在国内散发，并且直接邮寄给日本天皇和首相。柯璜还在山西省教育图书博物馆内手书文天祥的《正气歌》四页屏，自己出资刻石并朱拓九百份，分赠全国武官师长以上、文官厅长以上官员和各界知名人士，借以激发民族精神和爱国情感，推动全民抗日救国。其中，四块刻石于太原沦陷前秘密藏于馆内井下，现作为文物仍存放在山西省博物馆内。[②]

兰承荣

兰承荣（1881—1932），字向青，号自我。山西大同人。幼敏好学，博闻强记。早年被保送留学日本明治大学经

① 张喜梅：《馆里馆外：文化名人与中国近代图书馆的创建和理论探索》，中国时代经济出版社2013年版，第127页。
② 夏明亮：《文化三晋浪淘沙：山西百年百位文化名人小传》下册，山西人民出版社2017年版，第637页。

兰承荣（图片来源：山西博物院）

纬学堂，修人生哲学。回国后，任山西优级师范学校教员。辛亥革命后，任山西大学堂文科教习，讲授心理学、伦理学、哲学等课程。他提倡哲学教学要联系实际，著《孔孟一贯哲学概论》《两千年来讲孔孟哲学大误解》等。[①]曾与山西大学校同仁及省内学界人士集资创办晋新书社。兰承荣的道德、学识受当时山西各界尊崇，时有"南有郭象升，北有兰向青"的赞誉。

兰承荣一生致力教育，信奉教育救国，誓不为官，曾任山西省教育会会长、山西省教育图书博物馆副馆长及馆长、山西省立教育学院教授。当兰承荣看到"江苏教育行政会议议决特设通俗教育馆于各县文庙……以为国民教育之补助"，而目睹"晋省僻在西陲，输化稍迟，人民株守，朴陋尤甚。所有学校之标本、模型借观，限于学子。庙院之藏经存板，到处徒慨荒残"[②]的景象时，感触极大。为提高民众智识和道德，他联合张秀升、柯璜等撰《请倡设圣庙教育馆书》，倡设圣庙教育馆，以省文庙先行试办，若有成效，则请逐渐推广，并为圣庙教育馆书拟《圣庙教育馆简章》。经过各界人士的不断呼吁，1916年，山西宗圣会联合省教育会创设圣庙教育馆，首先在太原文庙试办，这是三年后成立的山西省教育图书博物馆的雏形。1919年10月10日，经过多方筹划和修缮，太原文庙最终被改作山西省教育图书博物馆（也称圣庙教育馆），[③]兰承荣为首任馆长，这是山西第一座博物馆，与南通博物苑等共同开创了中国近代博物馆的先河。

① 周川主编：《中国近现代高等教育人物辞典》，福建教育出版社2012年版，第104页。
② 山西省图书馆编：《山西省图书馆史料汇编》，山西人民出版社2003年版，第14页。
③ 山西省地方志编纂委员会编：《山西大事记（1840—1985）》，山西人民出版社1987年版，第110页。

太原文庙的传承与影响

太原文庙的文化资源

太原文庙的价值

太原文庙的利用

习近平总书记指出，"孔子创立的儒家学说以及在此基础上发展起来的儒家思想，对中华文明产生了深刻影响，是中国传统文化的重要组成部分。"[①]文庙作为祭祀孔子的祠庙建筑和纪念性建筑，是传承儒家学说和思想的重要物质载体，体现了儒家学说在中国传统文化中的主流地位，是中华民族传统文化的象征。文庙建筑时间久远，也成为集历史、建筑、雕刻、绘画、书法等成就于一体的重要文化场所。此外，文庙自始建以来，发挥了文化传承和教化作用，也促进了中华民族的融合和统一。可以说，文庙在建立、修缮、祭祀的过程中，兼具历史价值、文化价值、艺术价值、教育价值。透过文庙及其留下的丰富遗存和资料，可以窥见中国封建时代政治、经济、教育、建筑等状况，探讨儒家乃至中国古代思想文化的演变。太原文庙作为我国文庙的组成之一，隐藏着诸多的历史文化符号，也蕴含着深厚的文化气息，必须重视其文化传承和保护利用。

---

① 习近平：《在纪念孔子诞辰2565周年国际学术研讨会暨国际儒学联合会第五届会员大会开幕会上的讲话》，载"新华网"，2014年9月24日。

太
原
文
庙
的

文
化
资
源

文化资源是人类社会中文化传统和精神成果的载体与凝结，是人类生存和发展的宝贵财富。文化资源包括物质文化资源、精神文化资源和文化人才资源，具有民族性、地域性和时代性等特点。保护和传承文化资源，有助于为国家的强盛和民族的进步提供精神支撑，奠定文化自信。太原文庙的文化资源类型多样，有关于太原文庙的各种碑文、记文等，也有堆放其中的石雕、木雕、石狮、佛像、拴马柱、标识柱、上马石、石碑、石屏、石经幢、石础等，也有铁狮、铁焚炉、铁钟、铜屏等金属家族，以及木雕牌坊等，这些均显示了太原文庙深厚的历史底蕴。

文庙碑文、记文

古人在修建、重修建筑物的过程中，往往会留存一些纪念性文字，将建筑物创建、修复的过程，与创建、修复建筑物相关的人物，镌刻于石碑上，增强民众对这一历史事件的记忆，客观上留存一份珍贵的历史文献。《太原府志》《山西通志》《阳曲县志》等各个时期的地方志，留存了一部分与太原文庙相关的文字材料，记述了不同时期太原文庙的发展历程以及地方官员对太原文庙的重修等。就所掌握资料来看，与太原文庙相关的古代碑文和记文主要有《并州新修庙学记》《并州学规》《并州学规后序》《太原府学文庙碑》《太原重修学记》《修学记》《太原府学明善堂记》《迁太原府学乡贤祠并益祠乡贤告文》《府学石刻圣教序跋》等。

《太原孔庙碑》（又名《夫子庙堂记》）

此碑收于《唐文粹》，实为唐代驾部郎中程浩为陕西扶风的夫子庙所作，后因唐代著名书法家、朝议郎判尚书、武部员外郎琅琊颜真卿书写，唐代书法家、朝散大夫、检校尚书、都官郎中东海徐浩篆刻，因此流传甚广。在太原文庙，也抄有程浩撰文、颜真卿书写的《夫子庙堂记》，碑文落款为唐天宝十一载四月廿二日。此碑立于太原文庙的时间，是元至正三年（1343年）十月。

晋祠博物馆文昌宫后碑廊内保存有一块《夫子庙堂记》碑。该碑额呈半圆形，无座，高118厘米，宽77厘米，厚21厘米。碑碣前正面有《夫子庙堂记》碑文，背面有孔夫子造像图，即孔子《步趋图》。正面碑文为阴刻，从右而左，二十一行，每行四至二十五字不等，共三百八十四字。碑额有"夫子庙堂记"，系篆体，首题"夫子庙堂记"，碑末有"元至正三年癸未"落款。碑文为小楷，亦临于唐颜真卿之手书，又为程浩之撰文，徐浩之篆额，武懋镌刻。背面为孔夫子造像，上方横刻篆书"宣圣兖公小景"六个大字，"吴道子笔"四字在正中，右边刻一行移置题记，碑左下角有一处凿痕。

太原文庙大成殿珍藏的《夫子庙堂记》拓本

碑中雕镌着身高55厘米的孔子全身主像和身高45厘米的颜回刻像一幅，并饰以云纹状图案，画面布列舒款，人物比例适度，衣褶线条流畅清晰，画像丰润，神情俊逸，风度翩翩，栩栩如生。《夫子庙堂记》正背面图文并茂，书法、雕绘艺术之高，是现存元代碑碣中不可多得、具有较高研究价值的艺术瑰宝，对于研究唐代书法艺术、绘画艺术和元代雕刻艺术具有较大价值。[①]

《并州新修庙学记》

此碑已佚，由宋代韩琦于至和元年（1054年）所作。宋皇祐五年（1053年）正月，韩琦以武康军节度使徙知并州。韩琦知并州时，积极推动兴学运动，重视兴办教育。他重新选择了太原府学的地址，建起了新州学。州学各种设施齐全，管理制度完善，且在当时太学学规的基础上参照洛阳、

① 贾莉莉：《晋祠〈夫子庙堂记〉书迹考略》，载《文物世界》2013年第4期。

苏州等州学的学规，制定了一个符合并州情况的新学规——《并州学规》，这是当时较为著名的学规之一。《并州新修庙学记》记述了韩琦任太原知州时，在其注重教育、主张兴学的思想指导下，重修太原文庙，重振太原文风的事迹。

《并州学规》

此碑已佚，宋代韩琦取法于太学及河南、大名、京兆府、苏州等地的学规，根据并州情况编成《并州学规》。司马光任并州通判时，兼管并州的文教事务，重视州学建设，曾将此学规刻于石碑上，并作《并州学规后序》，强调学规对于教育教学的重要意义。

《并州学规后序》

宋代司马光于嘉祐二年（1057年）所作，该文写道："是规也存，虽屋不加多，食不加丰，生徒不加众，犹为学兴也。是规也亡，虽列屋万区，糇粮如陵，生徒如云，犹为学废也。后之人司是学者，可不慎与。"[1]明确强调学规在学校发展中占有重要位置，直接关系到学校的兴废。

《太原府学文庙碑》

此碑已佚，由金代赵沨于明昌二年（1191年）所撰。赵沨（？—1196），山东东平人，父赵憲，字叔通，金代初期文学家。大定二十九年（1189年），赵沨以应奉翰林文字身份为编修官，与党怀英、移刺履等人重修《辽史》。明昌二年（1191年），撰《太原府学文庙碑》。《太原府学文庙碑》记述了金代太原文庙的重修和扩建过程，指出在金代兴学和热心教育的地方官员为太原办学作出的巨大贡献。

① [宋] 司马光：《并州学规后序》，见 [宋] 司马光撰，李之亮笺注《司马温公集编年笺注 5》，巴蜀书社2009年版，第135—136页。

《太原重修学记》

此碑已佚，由金代王庭筠于金大定二十六年（1186年）所作。王庭筠（1151—1202），金代文学家、书画家。其碑刻有《博州重修庙学记》《重修蜀先主庙碑》等。据《辽海丛书》第6集《黄华集》，王庭筠所作《太原重修学记》笔势在博州二碑之下。[①]此碑记初辑录于《黄华集》，后《佩文斋书画谱》卷78，光绪《山西通志》卷95《金石记7》等提到了《太原重修学记》在平晋故城，但对其内容介绍较少。

《修学记》

由金代杜致美所作，据《永乐大典方志辑佚》，太原文庙"旧在府之东隅，天庆观东，宋末毁废。金朝天会中因旧廉访衙葺而建焉，有皇统中贤良杜致美为太原文庙撰《修学记》"[②]。

《太原府学明善堂记》

此文见明代成化《山西通志》卷13《集文》，元代王利用所作。《太原府学明善堂记》全文有所缺失，记述了太原府学明善堂兴学和勤勉学子学习的情况。

《迁太原府学乡贤祠并益祠乡贤告文》

此文由明代胡谧所作。胡谧，生卒年不详，字廷慎，浙江会稽人。明景泰进士，官江宁知县、山西督学金事、山西按察副使、河南按察副使、广东右参政等。曾致力于地方志之纂修。成化十一年（1475年），纂成《山西通志》十七卷。[③]《迁太原府学乡贤祠并益祠乡贤告文》对明成化年间太原府学乡贤祠所列乡贤及其功绩进行了介绍，以达到激励后

---

① 金毓绂辑：《辽海丛书》第6集《黄华集》八。
② 马蓉等点校：《永乐大典方志辑佚》第1册，中华书局2004年版，第289—290页。
③ 黄苇主编：《中国地方志词典》，黄山书社1986年版，第249页。

人的作用。

《府学石刻圣教序跋》

原碑已佚，明督学道刘储秀撰。

《府学石刻圣像跋》

原碑已佚，明太原府同知兰阳杨士魁撰。

《大中丞刘公重建府学文庙碑记》

原碑已佚，清督学道孙籀撰。孙籀，字殿英，浙江嘉善人，顺治六年（1649年）进士，顺治十年（1653年）任山西省提学道。《大中丞刘公重建府学文庙碑记》中的刘公为刘宏遇。刘宏遇于顺治七年（1650年），授山西巡抚。刘宏遇任山西巡抚四年期间，"建忠烈祠祀守土诸臣死姜瓖乱者，并修太原、阳曲学宫，筑汾河诸堤，山西民诵其惠。"[1]《大中丞刘公重建府学文庙碑记》主要记述了山西巡抚刘宏遇重修太原文庙的事迹。

文庙诗联

第一，与太原文庙相关的诗联。
形上为道，形下为器；
今人与居，古人与稽。

——佚名题太原文庙大成殿

作者圣，述者明，仰崇高万仞宫墙，敬教勤学；
形上道，形下器，萃中外一时文物，强识博闻。

——佚名题太原文庙崇圣祠

① [清] 赵尔巽等：《清史稿》卷226—卷307，吉林人民出版社2005年版，第7577页。

赐太原府学教授何祖武

为省春耕历灞泸，銮舆频止劝农功。

柴门掩处烟村静，碧水长桥落彩虹。

——［清］雍正《山西通志》卷182

元日谒孔庙示诸生　文翔凰

天道左旋地四防，更乘生气泛虚舟，黄河带束庖皇锦，
太华冠垂孔父疏，东过鸿蒙三万里，西迁防亥八千邮，弯弧
好射蓬莱库，督领仙臣课祖洲。

——［清］雍正《山西通志》卷224

甘露降太原府学文庙前松上　祝颢

至德渊微格昊穹，神浆宵降素王宫，祥光灿烂苍松上，
和气薰蒸碧殿中。世际文明昭有象，图传瑞应播无穷，兰台
藩枭躬遭遇，好疏封章达帝聪。

——［明］成化《山西通志》卷16《集诗》

第二，太原文庙院内石匾上的诗联。

太原文庙石匾上不乏诗联，既有教育意义的文字，也有
祈福平安的文字，以及各种赞美的文字等，共同向今人传
达着过去的文明，同时启迪着今人。石匾上的文字现摘录
如下：

（1）知稼穑之艰难，罔游于逸；

　　听祖考之彝训，思免厥愆。

（2）谋诒厥孙，历百年称盈珂里；

　　人本乎祖，溯三代宠被纶音。

（3）世间好事忠和孝，

　　天下良图读与耕。

（4）风雨仰北陵，岘峰千秋同堕泪；

　　箕裘绍东坡，眉山百代共流芳。

（5）吉星高照平安宅，
　　　福曜常临积善家。

（6）左昭右穆序世代，
　　　春祀秋尝道圣贤。

（7）花飞净界香成雨，
　　　金布祇园福有田。

（8）创业敢忘先世德？
　　　成家惟愿后昆贤。

（9）直道而行，允矣其心无曲折；
　　　乡人皆好，宜乎此日有揄扬。

（10）刚伏于柔，恶态悉消夫暴戾；
　　　仁济以智，善心倍显其慈祥。

（11）乃冰其清，乃玉其洁；
　　　如竹之节，如松之操。

（12）植纲常，立定自家地步；
　　　做事业，推开物我藩篱。

（13）山高水清光前烈，
　　　龙蟠虎踞裕后昆。

（14）资始资生德莫大，
　　　职覆职载量无穷。

（15）书田菽粟皆真味，
　　　心地芝兰有异香。

（16）望尊国老膺嘉宠，
　　　德著儒林播令闻。

（17）居中央，职司六遂，
　　　镇崇丘，掌锡三多。

（18）遥迎沧海日，

近把赤城霞。

（19）精明浑朴追先哲，

忠厚和平念老成。

（20）不作风波于世上，

别有天地非人间。

（21）创业惟艰功与德，

守成不易俭须勤。

（22）静处深山钟灵地，

安行厚德余庆家。

（23）正其谊，不谋其利；

明其道，不计其功。

（24）谨守箕裘承先业，

愿将诗礼启后贤。

（25）水绕山连，频经燕露昭先烈；

云蒸霞蔚，预垂荆花裕后昆。

（26）敦朴守勤，惟欲□维先志；

专耕务读，应能永启后人。

（27）克勤克俭，保世以滋大；

是彝是训，进德于无疆。

开元铁牛

太原文庙内放有开元铁牛，铸于唐开元十二年（724
年），为稳固蒲津浮桥，维系秦晋交通而铸。元末桥毁，久
置不用，习称"镇河铁牛"。因黄河变迁，逐渐为泥沙埋没。
1989年8月在蒲津渡遗址上经勘查发掘，处于黄河古道东岸的
四尊铁牛全部出土。距蒲州城西墙51米，距西城门101米。铁

太原文庙内的开元铁牛

牛头西尾东，面河横向两排。伏卧，高1.5米，长3.3米，双眼圆睁，呈负重状，形象逼真，栩栩如生。四尊铁牛的牛尾后均有横铁轴一根，长2.33米，用于拴连桥索。四尊铁牛的侧面均有一铁铸高鼻深目胡人作牵引状，现已露出地面部分高1.5米，肩宽0.6米。四牛四人形态各异，大小基本相同，据测算，铁牛各重约30吨，下有底盘和铁柱，各重约40吨，两排之间有铁山。

其他文物

2003年后，太原文庙为山西省民俗博物馆所在地，山西省各地收集的文物整齐地放置于太原文庙场院之中。在太原文庙院内，堆放有石雕、木雕，有石狮、拴马柱、标识柱、上马石、石碑、石屏、石经幢、石础等石头系列，也有铁狮、明代塔式铁焚炉、铁钟、铜屏等金属家族，书法屏、隋代石雕佛像以及木雕牌坊等。

在太原文庙院内堆放的诸多文物中，众多石狮子尤为引人注目。这些石狮子是收藏家从民间收集来的，多是明清时期百姓家中镇邪之物，富有乡土气息。

明代塔氏焚炉

北齐天保十年（559年）造像碑

书法屏

隋代石雕佛像

石狮子

木牌坊

　　太原文庙内有的地砖由墓志铺成，这些墓志也极具考古价值。有考古研究者发现，在太原文庙东南角的院落内有一块被用作铺地砖的明代墓志。志石长67厘米，宽46厘米，厚度暂无法测量，表面镌有十一行一百五十二字志文，四周阴刻纹饰，上端饰三朵如意形云纹，下、左、右环饰忍冬纹。据墓志可知，墓主人沛县县君系属晋藩宁河王府，其父为辅国将军朱奇澈，丈夫为阳曲仪宾郭清，生三子二女，享年三十五岁。研究者根据相关明代宗室的历史文献及粗简的墓志，推知如沛县县君这样的宗室末支子女，在明嘉靖王朝已成为寄食于社会边缘的角色。[①]

此外，太原文庙的院子里立满了石柱，柱顶或雕狮，或雕猴，或雕胡人，或雕其他。除一些碑刻、石匾、石柱外，太原文庙在崇善寺废墟上修建，它的建成保护了许多古树名木。其中，四棵藤缠槐最引人注目。整个迎泽区有六棵藤缠槐被列入古树名木的保护范围，除在太原文庙的四棵藤缠槐外，另有两棵在纯阳宫。

石柱

藤缠槐

① 周翔、郝丽君：《晋藩宁河王府沛县县君朱氏墓志铭》，载《史志学刊》2016年第3期。

太原文庙的价值

文庙历史悠久，自宋代创建以来，实行庙学合一制，是地方推行儒家教化的中心，也是一座城市的文脉象征和民众信仰中心。太原文庙历经千年变迁，见证了以儒家文化为代表的中华民族传统文化的发展过程，极具教育、历史文化、艺术欣赏等价值。

教育价值

文庙自诞生以来就与教育有着非常深厚的关联。祭祀孔子和学校教育融合于文庙之中，使得文庙成为传播儒家思想与文化的学校，是历代统治者宣传其统治思想的场所，因而文庙兼具学校教育和社会教育的功能。此后，文庙随着时代变化而被改作他用，但其教育价值依旧存在。

学校教育价值

文庙最初是祭祀孔子的场所，祭祀是其首要功能。太原文庙自创建之始，实行庙学合一的制度，祭祀孔子与教化儒经集于文庙一身，成为统治者推行尊孔崇儒政策的产物和媒介。太原文庙作为地方官办教育的一部分，是进行劝学、实施礼乐教化、传播统治思想、培养治国人才的重要场所，学校教育功能突出。宋代到清末，历代学子在太原文庙接受教育。太原文庙的教师对学子谆谆教诲，督促其学业，这也使得太原文庙培养了诸多学子。金明昌二年（1191年），太原文庙有七人登榜，还有一个词赋状元是太原人王泽。明万历元年（1573年），太原文庙中举者十一人。随着清末教育改革和新式学堂的出现，太原文庙的学校教育功能不断弱化，但遗址本身仍包含学校教育价值，有些文庙是中小学所在地，如平定县实验小学就是平定文庙所在地，云南建水文庙至今仍是建水中学的所在地。

文庙的另一项功能是祭祀，祭祀孔子、孟子等先贤先儒。不仅如此，文庙内还设有名宦祠、乡贤祠、忠义孝悌祠等。通过隆重的祭祀，敬仰先儒先贤，增强乡土情谊和乡土感情，以先儒先贤、地方名宦等的榜样力量感化、激励读书人。

太原文庙中的建筑规格、式样以儒家精神和教育意图构建，圣贤的塑像、历代名人展以及器皿、碑刻、书籍课本、楹联匾额等实物，其背后都有着丰富的文化故事和历史内涵，体现了儒家教育思想，以一种隐性课程和隐性文化的存在说明文庙具有学校的性质。

社会教育价值

文庙是政府推行儒家思想的产物，文庙的社会教育价值首先体现于政治教化价值。不仅如此，文庙内祭祀对象除孔子外，历代统治者会根据统治需要，厘定文庙内祭祀的对象。这也向历代读书人传达了一种信号，那就是必须遵循统治者的意志，维护封建统治，由此对民众施行政治教化。太原文庙亦如此，根据统治者的要求，选定祭祀对象，对当地民众进行政治教化。

太原文庙同时是地方进行社会教育的场所和基地，被改作民众教育馆、图书馆、博物馆时，各种讲座、识字会等均在文庙举行，太原文庙成为省城乃至全省的社会教育中心，发挥着社会教育的价值。以太原文庙改为山西省立民众教育馆时期为例，山西省立民众教育馆内下设民众学校，教授民众国语、珠算、习字、周会、注音符号等，为民众文化素质提升作出了相应贡献。当前，太原文庙所积累的深厚的历史文化积淀，使其成为爱国主义教育、尊师重教教育、乡土文化教育、积极向上的时代精神教育等基地，也成为举办各类国学教育活动的基地，对中小学生以及社会民众发挥着社会教育价值。

历史文化价值

历史文化价值是文庙在长期的历史发展中客观存在的、能够反映出与自身密切相关的不同时期历史进程中的社会政治、思想、文化等方面的因素，这些因素是记载社会发展、教育进步最可靠的历史资料，可以达到真实还原历史真相的目的。[①]自汉代以后，儒家思想备受统治者推崇，文庙作为国家推行尊孔崇儒政策的重要场所，发展至明清时，已遍布全国各府、州、县。文庙数量之多、规制之高、历史之久、影响之大，建筑技术与艺术之精美，在我国古代建筑类型中，堪称是最为突出的一种，既凝聚了物质文化，亦承载着精神

① 金萍、孙太雨：《历史与载体：东北文庙教育遗产现代价值研究》，载《淮阴师范学院学报（自然科学版）》2011年第6期。

文化，反映着一个地区的人文历史传统。

太原文庙创建于宋金时期，千百年来经受着天灾与人祸，在毁坏与重建中不断来回，却总能以物化的形式重回历史和人们的记忆。遗留至今的太原文庙建筑群，留下来的碑刻、雕塑、匾额、楹联等历史遗存，以及一些文字资料，其中包含大量历史信息，历经岁月的变迁，刻下历史难以磨灭的印记，成为一个地区文明史、教育史的重要见证。不仅如此，近代太原文庙被改作他用时，亦遗留了诸多关涉民国时期教育的资料，成为研究民国时期山西教育史的重要载体。总之，太原文庙作为传播儒家文化、实施礼乐教化的重要场所，见证了儒家文化在山西、在太原的发展和传播，反映了儒家文化对三晋地区的影响，具有重要的历史文化价值。

艺术欣赏价值

文庙在建筑形制上，均以曲阜孔庙作为范本，遵从了我国传统建筑群中贯轴线、左右对称的原则，布局严谨规范。文庙的固有建筑组成，如棂星门、泮池、大成门、大成殿、东西两庑、尊经阁、明伦堂、崇圣祠、乡贤祠、名宦祠等，无一不是严整有序，庄重神圣，是我国古代建筑艺术的集中体现。文庙建筑在形式上主要有门、坊、殿、庑、堂、阁、亭等，这些建筑形式各具特色，和谐共存，共同构成了文庙丰富多彩的建筑外形美。同时，文庙内建筑众多，形态各异，在建筑组合上具有明晰的序列节奏，主从分明，层次井然，整个建筑参差有致，严谨有序，形成了流畅有序的建筑布局，具有强烈的建筑布局美。不仅如此，文庙还有其他艺术形式，诸如雕塑、雕刻、匾联、园林植物，这些丰富多样的艺术形式共同营造了中国文庙的浓厚艺术美。

太原文庙建筑群从庙址选择、整体布局、雕刻装饰等方面都体现了古代建筑者的匠心独运，既符合国家统一的礼制要求，又体现了本地特色。同时，太原文庙中的匾额、歇山顶、雕刻、碑刻、古柏古松等共同营造了庄严肃穆、文化深厚的环境，具有极高的欣赏价值。

文化认同价值

以孔子为代表的儒家文化，对中国社会的文明进步曾产生深远影响，是中华民族文化认同的重要符号，文庙作为传承儒家文化的载体，对中华文化的传承和认同具有重要价值。

历史上，太原几次大的胡汉文化融合，都是儒家思想"和同为一家"的兼容精神的生动体现。无论是金政权建立时期，还是元政权建立时期，均注重修缮太原文庙，太原文庙也成为少数民族进行文化融合和认同的重要场所。因此，太原文庙作为儒家思想传播的重地，是中华民族特有文化基因和精神特质传播的场所，具有重要的文化认同价值。

太原文庙的利用

加强文庙保护和利用工作，充分挖掘与活化这份重要的文化遗产资源，将其建成展示、宣传、教学、研究和传播中华优秀传统文化的新型教育场所，拓展教育的渠道和形式，对于积极培育和践行社会主义核心价值观，集聚实现中华民族伟大复兴的中国梦的强大正能量，提高国民的人文素养，增强民族自豪感和自信心，进一步提升国家文化软实力，具有重要的现实意义和深远的历史意义。当代，太原文庙作为具有代表性的儒家文化遗产，其价值受到重视。1998年，太原文庙的现状引起省、市有关部门的重视，山西省文物局等先后投资100多万元进行修复。太原文庙的保护逐渐步入正轨，大多数殿宇、文物得到了妥善保护。2013年3月5日，太原文庙被国务院列为全国重点文物保护单位。

利用现状

开展国学教育、讲座等活动

近年来，太原文庙发挥其传承国学的使命，先后成立免费国学班，开办山西国学大讲堂。

国学班致力于让学生读圣贤书的同时，将儒家思想融入自身生活。同时，随着公众对优秀传统文化认知度的提高，太原文庙注重把国学教育渗透到未成年人的素质教育中，如在春节、端午、中秋等传统节日，举办互动活动。

2014年3月8日，"山西国学大讲堂甲午年公益讲座"第一讲在太原文庙成功举办，主题为"新经济·新文化·新道德"。①同时，山西国学大讲堂举办了"书法艺术与儒学智慧"等公益性讲座，来自全省各大院校的学生及儒学爱好者与会聆听。2011年3月起，山西省母亲文化研究会在太原文庙推出每月一期的"山西母亲大学堂"公益讲座。此外，太原文庙自2005年起恢复祭孔大典后，每年9月28日孔子诞辰日举行祭孔大典，吸引了来自山西省及全国各地儒学爱好者的参加。

具有山西地方特色的博物馆

历史上，太原文庙曾经改作为山西省图书馆、山西省立民众教育馆、山西省博物馆、山西省民俗博物馆，现隶属山西省考古研究院，有着积淀深厚的文物底子。尽管山西省博物馆搬迁时，一些文物被搬走，但太原文庙还是遗留了很多宝货佳物，吸引了诸多访古者。太原文庙内堆放着石雕、石狮、佛像、拴马柱、标识柱、上马石、石碑、石屏、石经幢、石础等石头系列，林林总总，也有铁狮、铁焚炉、铁

① 胡晓禾：《山西国学大讲堂甲午首讲在太原文庙成功举办（组图）》，载"山西当代儒学网山西工作站"，2014年3月12日。

太原文庙内灯影春秋展厅内的皮影

钟、铜屏等金属器物，以及木雕牌坊等。不仅如此，山西省民俗博物馆展区面积1.8万平方米，东、西二十一间及大成殿具备举办大型展览的条件，开辟为山西民俗展厅、《千秋孔子》陈列、书画展厅、皮影展厅等。各个展厅全年展览频繁。山西省民俗博物馆馆内有2500平方米的文物库房，可据不同质地文物的需要，进行人工温、湿度监测，为收藏和保管各类文物提供了良好的环境。山西省民俗博物馆结合山西省本土特色专门展览山西知名人物的作品以及本土特色的工艺品，且结合太原文庙传统，有祭祀孔子的活动及孔子陈列展。

德育以及爱国主义教育基地

文庙作为中国传统社会的教育场所，虽学校教育功能已不复存在，但因其浓厚的历史底蕴和历史积淀，仍被视为教化的象征。1995年，太原文庙被山西省委、省政府公布为省级爱国主义教育基地。2011年6月5日，山西省首家未成年人素质教育基地落户太原文庙，将青少年表彰大会、青少年道德模范评选会等具有劝学、育德以及帮助青少年明确方向、树立目标，增强社会责任感和进取心的活动，有意识地在太原文庙举行，借此提升青少年传统文化素养，认识到传统与时代精神的重要性。

未来建议

当前，太原文庙除继续开展国学活动，建设爱国主义教育基地和有山西地方特色的博物馆外，未来还需要着重从以下几方面努力。

开发成国学教育及文化旅游基地

第一，重视将太原文庙开发成国学教育基地。太原文庙今后仍需要举办国学大讲堂、国学教育班、感恩礼、祭孔大典以及与传统文化相关的文艺会演、书法展等活动，不断扩展国学教育的形式，一如既往地发挥其教育功用。

第二，重视将太原文庙开发成文化旅游基地。发掘并利用文庙资源，将对开展文化教育、培育合格人才，敦睦地方风气、构建和谐社会起到应有作用。太原文庙目前是"文庙—文瀛湖历史文化风貌区"的重要组成部分。今后，太原文庙需结合其他历史人文景观，打造太原文庙历史文化旅游园区，注重形成与孔子文化相结合的体验旅游、研学旅行等多元化的休闲旅游形式。在此基础上，与山西省本省的文化产业相融合，发展文化演艺旅游和具有本省特色的文化旅游。为进一步提升太原文庙文化旅游基地的知名度，太原文庙需要提高内部服务质量，打造人性化设施。此外，为提高参观率，应顺应时代要求和发展形势，利用现代化的保护方法和光影展示技术及其他智能技术手段，通过可视化、生动化的影片播放、图片展示以及网络平台等现代传播工具，挖掘太原文庙的传统文化，对其加以补充、拓展、完善，增强其影响力和感召力。

活化和扩展太原文庙的空间

太原文庙在保护和利用、发展中，首先要贯彻"保护为主，抢救第一，合理利用，加强管理"的文物工作方针，正确处理文物保护与城市建设的关系，保持古代文庙的基本格局，重视历史文脉的延续，不刻意弱化文庙的祭祀、纪念和传播儒家文化的功能。同时，太原文庙因地处山西省城中区域，环境古雅，人文鼎盛，还可以常年举办各种大型文化展览、展会，逐步实现功能的拓展和空间的活化。

太原文庙的保护和利用还需要完善文庙街区的空间结构及环境的重组，塑造历史风貌与现代城市生活和谐相融、环境宜人、形象优美的街区。太原文庙街区存在大量老旧住宅，建筑质量差，建筑密度大，居住人口较多，绿地空间不足，道路较为拥挤等问题，可以适当增加公共绿地，完善道路规划，大量开发太原文庙附近的地下空间，以此改善太原文庙周边拥挤的现状，最大限度向公众展示太原文庙的魅力。[1]此外，太原文庙还应打破空间封闭感，在扩建文庙时将部分文庙区域外围空间作为城市广场或公共绿地，将文庙空间秩序引入城市开放空间，方便民众对文庙的感知。[2]

不仅如此，太原文庙需要尝试扩展不同的功能利用方式，在巩固文化教育功能的同时，增强商业、文化、休闲功能，使太原文庙成为文化、休闲等多种功能有机结合的街区，将文庙文化中心与太原经济商圈、文化圈、交通枢纽相

---

① 王爱明：《文庙及崇善寺街区保护与更新研究》，载《山西建筑》2007年第13期。
② 梁虎：《空间活化——文庙场所与现代城市的融合》，载《合肥工业大学学报（社会科学版）》2017年第1期。

结合，促进太原文庙的利用和发展。

总之，太原文庙的发展要与现代社会结合，充分利用文庙的场所，活化其空间，扩展其教育、展示、商业开发等功能，以开放、多样的方式分享传统文化的精粹，将以文庙为代表的儒家文化遗产融入市民的现代生活中。

附录：太原文庙碑刻

夫子庙堂记

[唐] 程浩

天地吾知其至广，以其无不覆载；日月吾知其至明，以其无不照临；江海吾知其至大，以其无不容纳。料广以寸管，测明以尺圭，航大以一苇；广不能逃其数，明不能私其质，大不能亡其险。夫子后天地而生，知天地之始；先天地而没，知天地之终。非日非月，光之所及者远；不江不海，润之所浸者博。二代礼乐，吾其损益；百王宪章，吾其消息。君臣以位，父子以亲，家国用和，鬼神以享。道不可筌其有物，释未可证于无生。一以贯之，我先师孔子圣人也。古之帝，圣者曰尧；古之君，明者曰禹。尧之德有时以息，禹之功有时而穷。我夫子久而弥芳，远而弥光；用之而昌，舍之而亡；昔否于宗周，今泰于皇唐。不然，何耀衮而裳，垂珠而王者矣！①

唐天宝十一载岁次壬辰四月乙丑朔廿二日丙戌建

---

① [清] 阮元修，梁中民点校：《广东通志·金石略》，广东人民出版社2011年版，第72页。

并州新修庙学记

[宋] 韩琦

三才各有主：四时大运主于天，万物大生主于地，人伦大化主于夫子。曰："于道何主？"曰："主其中者也。"然天地之主，或不能常焉；而吾夫子之主，虽终天地而不变也。凡为人君、为人臣、为人子者，能勉而及吾夫子之主，则其国治焉，其家保焉，其身安焉。虽天地之主有时而庛，固无预乎吾之所及，然则人之道孰先于吾主哉！有天下国家者，可不知其本乎？

先儒称夫子者多矣，独杜牧之谓自古称夫子之德，莫如孟子；称夫子之尊，莫如韩吏部。盖言尧、舜莫贤其德，而社稷莫偕其尊。诚哉！后之学者，虽欲极言而增大之，又孰加焉？唯郡县守长得施其教者，能兴学以恢其德，崇庙以称其尊，斯可以达其本者也。

太平兴国四年，太宗皇帝平伪刘，一天下，坏太原故城，徙州榆次。又三年，复迁于唐明。当时经始者乘用武之后，虑弗及远，不知并据都会，异日为一道之本，凡城隍、官府、门户、衢陌之制一从苟简，不中程度。视夫子之庙尤为不急，置城之东南隅，体陋而削，仅有祠所。景祐中，康靖李公若谷首即庙建学，得赐田赡学徒，而人始乐教。庆历初，文烈明公镐又建礼堂于夫之殿北，而讲始有容。然皆因仍故基，地愈逼隘。其后生员浸广，至圬东西序所图诸弟子室而处之，二时释奠三献，从祀官与学生、执事者不能遍列于庭，半立庙门之外。皇祐五年春，某忝被州寄，受署来谒，知于礼之渎，而未遑改作，始奏隰州司户参军牛景充教授，以专学职。明年秋，大穰，民安事简，于是驰使东鲁，得仙源庙图像、冠服之实，买民庙北地，命崇仪使、并代州管内兵马钤辖张僎，右侍禁、兵马监押王守恩集工视役，彻其旧而一新之。然后广殿耽然而雄，睟容俨然而尊，颜氏以降诸弟子、孟氏以降诸大儒，或像而侍，或图而列，次序于堂庑之间，焕然大备。复徙庙东州兵之居以置学，南书楼、北讲堂、东西斋舍、庙学异门。又设射侯于庙学之间，以备男子之习。至于起居饮食之事，必严其所，俾称是焉。自始事底讫功，凡度材治基，逮途茨丹臒之细，一须官用，无及民者。

夫庙学之新，其于为治之道，窃有志达其本者，而诸生其达学之本乎？今饰公斋，萃公书，洁公食，日授经，月课文。昧其教者苟曰："此欲吾艺之精，取进士科，富且贵而已。"噫！如是，则吾学乃教人窃禄之地，非有望于诸生也。夫精艺而求仕，末也；得仕而行道，本也。然不由其末，则不得施其本。故由末而仕，其末不可用而本或不存焉，非窃禄何哉？且晋之俗，陶唐氏之俗也；吾夫子之道，二帝三王之道也，岂习俗之易，而习道之难哉？盖习俗易者，其法传；习道难者，其学废。今学兴矣，处吾学者，其务外勤于艺而内志于道。一旦由兹而仕也，则思以其道为陶唐氏之臣，心陶唐乎其君，心陶唐乎其民。能如是，吾始谓之达其本。①

至和元年某月某日记

太原府学文庙碑

[金] 赵沨

自虞、夏、殷、周设国学之法以养天下士，取以备百执事之选，故能卒相治功。汉、魏以降，学校聿兴，而名士辈出。然则取士虽不一涂，而学校得人为多，故天下不可一日无学校也，信矣。太原自周、秦、隋、唐以来，控扼西北，皆为重镇。分虎符者，例皆修障隧，饰戈矛，以捍患御侮为事，何暇议学校乎？我皇朝应天顺人，荡海平狱，教烛穷奥，威震荒遐，六七十年间，无犬吠之警。今之太原，遂为内地。府旧有学，离兵革之后，荡毁无余。至天会九年，耶律公资让来帅是邦，叹馆弗修，但取故官舍余材以成之。正隆初，完颜宗宪为尹，稍加缮完。大定丙午，张公子衍为亚尹，杨公伯元为漕贰。二公以殿宇卑隘，立建贤堂于两庑间，

---

① [宋] 韩琦：《并州新修庙学记》，《安阳集》卷21，见 [宋] 韩琦撰，李之亮、徐正英笺注《安阳集编年笺注》上，巴蜀书社2000年版，第702—704页。

制度盖未广也。圣上嗣服大政，宗儒尚文。明昌二年，以前中都路都转运使张公大节出尹太原。太原于公为乡郡，故尤以宣布教条、淬励风俗为己任。始至，首谒先师。见其栋宇卑陋，陛庑狼藉，喟然叹曰："是足以上副皇朝右文之意乎？"乃量功命日，撤故就新。始自大殿，重加整饬，周以翠罳，华而不侈，考礼为宜。因中门两翼，构为外舍各三楹，分六斋。又建大堂于贤堂之南，俨雅清洁，望之生敬。故讲堂去殿不数步，无阶陛可以降升，暗黯迫隘，不堪其陋。今北选二十步有奇，隆基三尺余，高壮伟丽，与大殿相辉映。复构屋十楹左右，为斋十六，稍南又各建六楹，分八斋，及外斋总三十楹。讲堂之后，提学、教授、正录之位序咸在焉。讲学谈经既有堂与斋矣，储粟藏书既有库矣，饮食有庖，祭祀有器，秀茂之士，其至如归。公乃诣学，召集诸生，谆谆劝诱，不啻如贤父兄之切至也。是年登龙飞榜者，学籍凡七人，翰林应奉王泽首冠多士。先是公持横海节，亦时修饰学宫，督课儒业，学生徐题是举遂魁天下。并、沧皆古名镇，以学校之废，故久无登科者。一旦兴学，二人继成大名，则知张公教养之勤，岂非其效验耶？呜呼！农夫耕腴，其获也必丰；商贾资厚，其利也必倍；不耕而无资，其求也必无获。今夫巍冠博带广袂之衣，傲然游其中者，虽有瑰杰之才，苟无学术以济之，其将何获？要之，士贵业之勤而志之笃也。方今贡举之法，既取诗赋以振天下英雄之气，又谈经义以傅先哲渊源之学，使放荡者退而有所拘，空疏者望而不敢进，其所以笼天下之俊造，无所遗矣。士生此时，可谓厚幸。诸生业精于勤，他日登巍科，行所学，光明秀杰，辉耀士林以取乡相者，足以为张公之荣矣。不究其本根，肆其懈惰，望洋而叹，自崖而返，进不能取科名以经世，退不能抱仁义以励俗，皆张公之罪人也。乃叙其梗概以告来者，使勉于学，以副张公责望之意。①

---

① ［金］赵沨:《太原府学文庙碑》，见［清］张金吾编纂《金文最》，中华书局1990年版，第1107—1108页。

太原府学明善堂记

[元] 王利用

京师，天下之首善也；总府，一方之首善也。首善者，何教化风俗之所出也。然则教化风俗之所出，舍儒学何适哉！儒学明善之地，故京师有之，总府有之，州县亦有之，其崇而尚之者无他，皆所以明人伦也。太原庙学，连甍接栋，丹璧辉映，严而有制，靡而不渝，高明壮丽，为诸郡冠，盖前府尹作之于前、后府尹述之于后之所以致也。参政李侯下车之日，以学校为急务，瞻礼殿庑严翼□敬已而叹曰："庙貌可观，而讲肆之所盖阙如也。"遂治其故基而营作焉，经始落成，不愆于素，扁其堂之楣曰"明善"，仍给赡学地土无虑若干□，不谓之知首善之目而可乎！兹者大尹刘公莅政之暇，倡诸生群吏，阅习于是，审问于是，慎思笃行一审于是也。明善若此，则堂之为用，亦不为虚器矣。一日，太原□儒学教授王弘嗣踵利用之门，而告曰："堂之明善，□右辖已书之，戈提学复铭之，君今□治河东，宜叙明善之所以，俾刻诸石，不惟诸石，不惟振激士风，抑使赡地上岁月悠远而不遂沦灭，孰曰不可哉？"余曰："赡学地当刻诸碑阴，戈提学之铭刻之于鄙文之左，子以为何如？"教授曰："唯唯。"铭曰："天下之□，万□□□，□□□拂，实惟自然。奈何气禀，或失之偏，外物仍诱，人欲自专。如尘□□，如□□泉，如握珠璧，自暴自捐，流宕忘□，异类斯肩。惟圣念兹，立教为先，抑高举□，状危持颠，埋攻众欲，堤障狂川。殄奸邪恶，如破锐坚，砥硕策驽，人十己千，□官克思，罪远善迁。志气交卷，内外相宣，仁为重任，礼耕情田，智明是非，义审衡权。信以成终，尚罔所愆，犹泥就器，惟填惟埏，犹顺杞柳，乃为杯棬。端此径庭，造乎妙玄，颜苦孔卓，服膺拳拳，参乎持守，惧如临渊。凡登兹堂，鉴此勉旃，勉勉不已，士可齐贤，贤斯企圣，圣能希天。"[1]

---

[1] [明] 成化《山西通志》卷13《集文》。

迁太原府学乡贤祠并益祠乡贤告文

[明] 胡谧

维成化六年岁次，庚寅二月，庚戌朔九日戊干，山西等处提刑按察司佥事会稽胡谧启昭告于，有熊三公风后，有熊史官仓颉，陶唐农师后稷，虞士皋陶，夏大夫阎龙远，商相王成，传说古贤人伯庚、叔齐、秦大夫百里奚、晋大夫窦犨、尹铎、汉太史令司马迁、汉隐士周党、王霸、有道先生郭林宗、独行王烈、隋文中子王通、唐梁国文惠公、狄仁杰、晋国文忠公裴度、宋潞国忠烈公文彦传、温国文正公司马光、丞相忠简公赵鼎、金知制诰道山先生元好问，列位先贤，惟乡贤之，绪学宫所以别通祀，以益广风厉马耳。太原府学临以藩梟鼓尝合祠。

外邵无贤之，无如右所列，凡廿有四位，其出宣圣以前者盖，而祠附额旁揆埋未安，□刀跂学抵事之始，亟改建学宫之西南，向载考得，陶唐历官义氏、和氏、晋大夫苟息、虞大夫官之奇、晋下军大夫郤缺、赵客、公孙作白、程婴、统师改干木、唐儒赵匡、宋迹英阁说书孙复、宋儒侯师圣、金吏部尚书文献公扬云翼。

本朝知制诰赠礼部尚书文清公薛瑄，凡十有三位，亦皆乡贤之尤进列其陶位次，一循峙代史定谨以释真之。明日率学官诸生礼告祠下于乎，永惟诸贤，或隆道德，或顾功业，或以风节著，或以学术鸣经史，具载均耀后先。盖天下古今所师仰者也，匪直一乡一世之士而已，萃向斯室，余烈若存，凡我后人，盖思奋企群灵在上，尚佑启之敢告。①

---

① [明] 成化《山西通志》卷14《集文》。

府学石刻圣教序跋

[明] 刘储秀

字至于晋，晋至于王，王于行已极矣。黄庭兰亭楷也，荷华札草也，潞已俱刑行矣，行如圣教序独可缺乎哉？

故今阳曲崔尹廷槐以诏原生卫模贞珉而布诸学宫云。或曰儒释不同。崔曰取其书不取其人，况非是莫好，即此是学，其即程伯子主敬之意。[1]

府学石刻圣像跋

[明] 杨士魁

古传昔有执政者过烟驿梁，其马嘶，仕策而不进，遂得此石像了桥之下，乃唐吴道子笔也。至政辛巳，广东宣慰都元帅僧家奴摹刻于广州学庠，历传已久，予于忻州王进士家获瞻，斯像精神俨然如生，油然起敬。《语》所谓"温而厉，威而不猛，恭而安信"可想见也。因命介山郭海重勒于石，以传不朽。[2]

大中丞刘公重建府学文庙碑记

[清] 孙箭

粤稽宣尼至圣昭天常，植人纪，著道法之宗，传治化之极，阅三千年，罔不佩戴尊亲，用以挽回世道，溯百川而东之，胥于泽宫是赖。圣天子龙飞，重道敦

---

①[清]李培谦、华典修，阎士骧、郑起冒纂：道光《阳曲县志》卷16《志余》。

②[清]李培谦、华典修，阎士骧、郑起冒纂：道光《阳曲县志》卷16《志余》。

儒，超隆六学，甚盛典也，但晋自兵燹之后，讲道问业，视为缓图；美榭高墉，鞠为茂草。

恭逢大中丞吾师刘公秉钺建牙，照临兹土，目击凋敝，亟事整厘。首念郡庠鳣序之地潍隘沮洳，秋水时至，平地江湖。前此不无葺治，乃旋葺旋圮，曾无卒岁之计，苦营度工用而支费不赀，时诎举赢，鞭算无术。公慨叹久之，乃首倡捐俸。应者云集，凡属宇下，自藩臬监司守令佐领以至学博绅衿，乐趋恐后。爰以守、巡二公总其成，嗣以金阊杨公董厥目，鸠工庀材，蠲吉戒事，木石陶瓦，惟良惟贞。而殿庑，而两庑，而戟门、棂星，而泮池、甬道，暨明伦堂及诸生馆庖几榻，既备既坚，爰宏且邃，丹臒藻丽，屹然大观。拟有千年不拔之制，视昔之旋葺旋圮、罔克卒岁者，固已一劳永逸。于是考正雅乐，八音五声，一依律准，缀兆疾徐，皆合节奏。再睹时雨化成之美，功在圣域，德载口碑。

朝廷方拟玉铉金瓯以备顾问，兹绣幡将发，卧辙徒殷，两袖清风，适挟素愿。晋人士载歌《伐柯》之章，式赓《九罭》之什，播诸歌颂，被诸管弦者，岂直功在学宫乎？若夫祠祛忠烈，白骨流光；瘗及枯骴，青磷息焰；筑堰开塍，水利普被；疏遽理传、徭役获苏；安兵辑民，祥刑息讼；周贫恤士，怀旅招携；戒劝率作，百废俱兴。三公九列。虚席待贤，六德四科，兼擅其美。

籀隶籍三吴，曾以《立雪云庄》，滥题雁塔。饮水思源，敢忘所自？乃复视学山右，重受提撕，在学言学，附所闻见，礼也。自此，多士经明行修，流鸿树骏，咸曰大中丞成之力，而门下籀实左右之者也。行见勒钟鼎，济盐海，以开辟元老为理学儒宗，人才之盛，不其与三代并茂哉！①

---

① [清] 顺治《太原府志》卷4，见魏民主编《三晋石刻大全·太原市杏花岭区卷》，三晋出版社2011年版，第332—333页。

主要参考文献

（一）史料

[1]［清］牛树梅. 文庙通考. 杭州：浙江书局，1872.

[2]［清］薛熙. 明文在. 上海：商务印书馆，1936.

[3]［清］张廷玉等. 明史. 北京：中华书局，1974.

[4]［清］郎廷极. 文庙从祀先贤先儒考. 北京：中华书局，1985.

[5]［清］王轩等. 山西通志. 北京：中华书局，1990.

[6]［清］李清植. 历代名儒传. 北京：中国书店，1991.

[7]［明］关廷访. 太原府志. 太原：山西人民出版社，1991.

[8]［清］贺长龄，魏源等. 清经世文编. 北京：中华书局，1992.

[9]［清］赵尔巽等. 清史稿. 长春：吉林人民出版社，1995.

[10]［元］脱脱等. 宋史. 北京：中华书局，2000.

[11]［宋］韩琦. 安阳集编年笺注. 成都：巴蜀书社，2000.

[12]凤凰出版社. 中国地方志集成·山西府县志辑. 南京：凤凰出版社，2005.

[13]［宋］司马光. 司马温公集编年笺注. 成都：巴蜀书社，2009.

[14]［清］素尔讷等. 钦定学政全书校注. 武汉：武汉大学出版社，2009.

［15］上海古籍出版社，上海书店.二十五史.上海：上海古籍出版社，2018.

［16］［清］顺治太原府志.清顺治十一年（1654年）.

［17］［清］戴梦熊修.李方蓁、李方苋纂.阳曲县志.清康熙二十一年（1682年）.

［18］［清］穆尔赛等.康熙山西通志.清康熙二十一年（1682年）刻本.

［19］［清］觉罗石麟，储大文.雍正山西通志.清乾隆间《四库全书》本.

［20］［清］李培谦、华典修.阎士骧、郑起昌纂.阳曲县志.清道光二十三年（1843年）.

［21］［清］曾国荃等.光绪山西通志.清光绪十八年（1892年）.

（二）著作

［1］朱保炯，谢沛霖.明清进士题名碑录索引.上海：上海古籍出版社，1980.

［2］黄苇.中国地方志词典.合肥：黄山书社，1986.

［3］南京工学院建筑系，曲阜文物管理委员会.曲阜孔庙建筑.北京：中国建筑工业出版社，
　　　1987.

［4］山西省地方志编纂委员会.山西大事记（1840—1985）.太原：山西人民出版社，
　　　1987.

［5］隗瀛涛.孔学孔庙研究.成都：巴蜀书社，1991.

［6］太原市南郊区志编纂委员会.太原市南郊区志.北京：生活·读书·新知三联书店，
　　　1994.

［7］高文，范小平.中国孔庙.成都：成都出版社，1994.

［8］《闻喜县志》办公室.闻喜县志：民国七年版.北京：现代出版社，1999.

［9］王若愚、太原市南城区志编纂委员会.太原市南城区志.北京：红旗出版社，2000.

［10］程裕祯等.中国名胜古迹辞典.北京：中国旅游出版社，2001.

［11］朱世英等.民间歌谣精华评析.北京：解放军出版社，2003.

［12］山西省图书馆.山西省图书馆史料汇编.太原：山西人民出版社，2003.

［13］江铭.中国教育督导史（第二版）.北京：人民教育出版社，2003.

［14］范小平.中国孔庙.成都：四川文艺出版社，2004.

［15］刘英杰. 中国教育大事典.1840年以前. 杭州：浙江教育出版社，2004.

［16］刘正. 金文庙制研究. 北京：中国社会科学出版社，2004.

［17］胡务. 元代庙学：无法割舍的儒学教育链. 成都：巴蜀书社，2005.

［18］张春祥，王富华. 太原城市的空间扩展. 太原：山西科学技术出版社，2005.

［19］司雁人. 学宫时代：古代中国人怎样考大学. 北京：中国社会科学出版社，2005.

［20］申国昌. 守本与开新：阎锡山与山西教育. 济南：山东教育出版社，2008.

［21］张亚祥. 江南文庙. 上海：上海交通大学出版社，2009.

［22］张春根，杨万生. 学府春秋——太原教育史话. 太原：山西人民出版社，2009.

［23］泉州府文庙文物保护管理处. 泉州府文庙碑文录. 福州：海潮摄影艺术出版社，2009.

［24］刘亚伟. 远去的历史场景：祀孔大典与孔庙. 济南：山东文艺出版社，2009.

［25］继祖，红菊. 古城衢陌——太原街巷掉阖. 太原：山西人民出版社，2009.

［26］黄进兴. 优入圣域：权力、信仰与正当性. 北京：中华书局，2010.

［27］程舜英. 中国古代教育制度史料. 北京：北京师范大学出版社，2011.

［28］彭蓉 中国孔庙建筑与环境. 郑州：中州古籍出版社，2011.

［29］曲英杰. 孔庙史话. 北京：社会科学文献出版社，2011.

［30］孔祥林等. 世界孔子庙研究. 北京：中央编译出版社，2011.

［31］王发志. 岭南学宫. 广州：华南理工大学出版社，2011.

［32］王凤喈. 中国教育史. 福州：福建教育出版社，2011.

［33］耿素丽，陈其泰. 历代文庙研究资料汇编. 北京：国家图书馆出版社，2012.

［34］王新英. 全金石刻文辑校. 长春：吉林文史出版社，2012.

［35］杨子荣. 三晋文明之最. 太原：三晋出版社，2012.

［36］马骏华等. 雄藩巨镇 非贤莫居：太原·大同的城市历史意向再造. 南京：东南大学出版社，2013.

［37］张喜梅. 馆里馆外：文化名人与中国近代图书馆的创建和理论探索. 北京：中国时代经济出版社，2013.

［38］刘新. 儒家建筑——文庙. 北京：中国建筑工业出版社，2013.

［39］黄进兴. 皇帝、儒生与孔庙. 北京：生活·读书·新知三联书店，2014.

[40] 李日，朱良迅，郭春香. 朱全璨社会教育讲演集. 北京：人民出版社，2014.

[41] 左靖. 文庙：儒家的先贤祠. 北京：金城出版社，2014.

[42] 太原市文物局. 太原最有文化的三十三处美景. 太原：山西经济出版社，2014.

[43] 申国昌. 抗战时期区域教育研究：以山西为个案. 北京：社会科学文献出版社，2014.

[44] 董喜宁. 孔庙祭祀研究. 北京：中国社会科学出版社，2014.

[45] 邓爱民，桂橙林. 长江流域的文庙书院. 武汉：长江出版社，2015.

[46] 柳肃. 文庙建筑. 北京：中国建筑工业出版社，2015.

[47] 朱鸿林. 孔庙从祀与乡约. 北京：生活·读书·新知三联书店，2015.

[48] 郑州市商城遗址保护管理处. 郑州文庙. 北京：科学出版社，2015.

[49] 刘续兵，房伟. 文庙释奠礼仪研究. 北京：中华书局，2017.

[50] ［日］水野清一，［日］日比野丈夫. 山西古迹志. 孙安邦等译. 太原：山西古籍出版社，1993.

[51] ［美］杨庆堃. 中国社会中的宗教：宗教的现代社会功能及其历史因素之研究. 范丽珠译. 上海：上海人民出版社，2007.

（三）期刊

[1] 春丁祀孔大典恭志. 来复，1923（245）.

[2] 本馆陈列古代礼器乐器一览. 山西省立民众教育馆月刊，1934（6）.

[3] 本馆举行孔子诞辰纪念会志盛. 山西省立民众教育馆月刊，1934（5）.

[4] 仲畲. 丙戌孔子诞辰行经省文庙作. 山西大学校刊，1946（10）.

[5] 渠川福. 我国古代陪都史上的特殊现象——东魏北齐别都晋阳略论. 中国古都研究，1986（4）.

[6] 李彦，张映莹. 山西现存文庙简述. 文物世界，2007（4）.

[7] 周慧梅. 民国时期民众教育馆变迁的制度分析. 教育学报，2008（2）.

[8] 柳雯. 中国文庙文化遗产价值构成初探. 飞天，2009（24）.

[9] 张玲. 太原儒学建筑研究. 山西建筑，2010（33）.

［10］金萍，孙太雨. 历史与载体：东北文庙教育遗产现代价值研究. 淮阴师范学院学报：自然科学版，2011（6）.

［11］贾莉莉. 晋祠《夫子庙堂记》书迹考略. 文物世界，2013（4）.

［12］安海. 从建筑审美的视角走进太原文庙. 文物世界，2014（3）.

［13］魏娜. 论中国古代建筑研究的理论与方法——以山西文庙为例. 四川水泥，2014（7）.

［14］杨彩丹. 山西省立民众教育馆的"教育救济"——以民众学校为中心. 民国研究，2014（1）.

［15］苑杰. 太原地区的文庙建筑. 文史月刊，2016（12）.

［16］梁虎. 空间活化——文庙场所与现代城市的融合. 合肥工业大学学报：社会科学版，2017（1）.

（四）报纸

［1］施瑄. 太原赋. 光明日报，2007-05-14.

［2］刘续兵. 文庙祭祀的文化意义. 光明日报，2013-03-25.

［3］张栋. 文化旅游思考之二：全域旅游理念下的文化旅游资源再审视. 中国青年报，2017-11-02.

［4］南丽江. 从1919到2019：山西博物院迎来百岁生日. 山西晚报，2019-09-05.

（五）硕博论文

［1］张玉娟. 明清时期乡贤祠研究——以河南乡贤祠为中心. 河南大学硕士论文，2009.

［2］范文玲. 武威文庙建筑研究. 西安建筑科技大学硕士论文，2014.

后记

　　太原文庙最早位于府西街，毁于光绪七年（1881年）的汾河决堤。旧庙即毁，新庙当立，时任山西巡抚的张之洞把眼光投向了已经荒芜了十七年的崇善寺废墟之址，未动用公帑，鼓噪集资，成建新庙。新庙建成后极大地鼓舞了山西士子。步入民国时期，太原文庙的建筑转化为新的文化功用，依次被改为图书馆、民众教育馆等，承担社会教育的重要责任。新中国成立后，太原文庙被改为博物馆，向社会大众展示各种珍贵文物，传播国学精髓。可以说，太原文庙自北宋时期建立至今，始终承担着保存文化、传播文化的重要使命，成为山西乃至全国传统文化的重要象征，成为沟通中国传统文化和现代文化的载体。在大力弘扬继承和保护中华优秀传统文化的新时代，文庙、太原文庙自然应该引发研究者、社会大众的关注。不仅如此，太原文庙是山西、太原百年教育事业发展和变迁的历史见证，其间涉及的太原历史上的办学活动、与之相关的《并州学规》等教育教学管理规定，以及改为山西省立民众教育馆时的社会教育活动，成为研究中国教育史、山西教育史不能避过的主题。

　　作为一名身处山西、身在太原的研究者，自"中国文庙研究丛书"出版项目启动后，研究太原文庙成为我义不容辞的责任。承担研究和写作任务之后，只因前期多关注中国近代教育史，对文庙知之甚少，对太原文庙研究更是不曾涉及，对文庙、对太原文庙的研究只能从零开始。幸运的是，恩师周洪宇教授以及丛书各卷作者在交流群中积极探讨，提供可供阅读书籍，研究最终渐入正轨。在研究过程中，翻阅了《太原府志》《山西通志》等一手史料，参考文庙研究的经典书籍，并多次去往太原文庙进行实地考察。经过多方努力，《太原文庙研究》书稿最终成型。如今，太原文庙的写作已经告一段落，但是对文庙的关注、研究以及对文庙所承载的传统文化之传承仍需要继续重视，在此也希望本书有抛砖引玉的作用。

在写作过程中，始终得到华中师范大学教育学院周洪宇教授的悉心指导和睿智点拨，也得到了学友们的帮助，赵国权老师提供了写作范式以供借鉴，魏珂多次借助古籍数据库下载相关资料，学生陈娟、张帅帅、赵紫芮、李妍帮助核查相关资料，并得到了太原文庙管理人员、山西博物院的帮助，以及前辈研究成果的支持，出版社蒋伟老师、苏文静女士的辛勤付出，在此一并致以诚挚的感谢！

由于时间仓促，水平有限，书中难免会有缺点和错误，敬请专家、学者及广大读者批评指正！

李艳莉

图书在版编目（CIP）数据

太原文庙研究 ／ 李艳莉著 . — 济南：山东教育出版社，2021.10
（中国文庙研究丛书 ／ 周洪宇总主编）
ISBN 978-7-5701-1581-5

Ⅰ. ①太… Ⅱ. ①李… Ⅲ. ①孔庙—研究—太原 Ⅳ. ① K928.75

中国版本图书馆 CIP 数据核字 (2021) 第 027588 号

SERIES OF STUDIES
ON
CHINESE
CONFUCIUS
TEMPLES

中国文庙研究丛书

A
STUDY
ON
TAIYUAN
CONFUCIUS
TEMPLE

太原文庙研究

李艳莉 著

选题策划：蒋　伟 苏文静
责任编辑：苏文静
责任校对：赵一玮
装帧设计：姜海涛

主管单位：山东出版传媒股份有限公司
出 版 人：刘东杰
出版发行：山东教育出版社

地　　址：济南市市中区二环南路 2066 号 4 区 1 号
邮　　编：250003
电　　话：(0531) 82092660
网　　址：www.sjs.com.cn

印　　刷：山东临沂新华印刷物流集团有限责任公司
开　　本：720 毫米 ×1020 毫米　 1/16
印　　张：15.25
字　　数：242 千
版　　次：2021 年 10 月第 1 版
印　　次：2021 年 10 月第 1 次印刷
印　　数：1–2000
定　　价：72.00 元

如印装质量有问题，请与印刷厂联系调换，电话：0539–2925659